PROCURATORIAL STUDY

检察研究

江苏省人民检察院◎组织编写　　编委会主任◎刘华　　2019年 · 第1辑

法律出版社
LAW PRESS · CHINA

目录 Contents

特　稿

专　稿

主题研讨

调查报告

前沿探讨

检察实务

法律史学

会议综述

特　稿

强化专业化办案团队建设　推进江苏检察工作新发展

刘　华*

摘要：检察工作专业化建设既是检察机关履行法律监督职能的内在需要，也是检察事业科学发展的必然选择。面对社会各行各业的专业水平和职业技能不断提高的新形势，检察机关应牢牢把握新时代检察工作的脉搏，细化专业化的办案模式，推进检察专业化人才队伍建设，培育出更加符合司法办案要求的专业化检察办案团队，并以此为契机提升办案质量，推动检察工作高质量发展。

关键词：检察专业化　办案团队　高质量发展

一、专业化是新时代检察工作的新要求

当前，中国特色社会主义进入新时代，国情、社情、检情都在发生着广泛而深刻的变化，推进检察专业化建设显得尤为必要和紧迫。专业化作为提升检察机关法律监督能力建设的必要途径，对于保证司法公平正义、提高办案质效、推动检察工作高质量发展具有重要意义。检察机关作为专业的办案机关，既需要讲究程序、证据以及法律适用，也需要高智商和高情商来处理平衡法律效果和社会效果。检察官在行使检察权的过程中，可能会对个人、企业造成重大影响。因此，办案过程应讲究专业化，高度重视程序和证据。如果办案任性随意，简单机械，粗放粗暴，极易制造错案冤案，影响司法公信力。

新时代下，人民群众对公平正义的要求不断增强，对司法工作和司法服务的专业化程度提出了更高要求。如就案件处理来讲，不仅要求结果无冤，而且要求过程无瑕。在

---

* 刘华，江苏省人民检察院党组书记、检察长。

一些申诉案中，案件本身并没有大错，但因存在一些微小瑕疵问题，导致人民群众不满不服，进而不断申诉。造成这种现象的原因之一，就是专业化办案水平仍有欠缺。检察机关必须通过专业化建设谋发展重自强，进一步提高办案水平，以满足人民群众对司法正义的新期待。

本轮司法体制改革的核心是司法责任制，而司法责任制的重要目标是突出检察官的主体地位，围绕检察官构建办案团队，形成新的办案基本单元，让他们成为团队办案的主角，由幕后走向前台，改变原有的行政化办案模式。当前，司法责任制的四梁八柱已基本搭成，但仍需精装修、精加工，真正实现落地见效。在此背景下，新时代检察人员须加快专业素养的养成，精于办理疑难复杂案件。

二、江苏检察机关专业化办案团队建设的现状

江苏案件数量一直位居全国前列，拥有案件体量较大、新型案件数量较多的优势，使案件办理细分专业成为可能，为培养精英办案团队提供了一座“富矿”。当前，一批业务定位准确、办案能力较强的专业化团队正在形成，各地办案一线的业务精英正在陆续涌现。但与更高的要求和更新的标准相比，还存在一定的不足：

（一）固定设置的检察官办案组有为了设置而设置的泛化倾向

《关于完善人民检察院司法责任制的若干意见》《江苏省检察机关办案组织设置办法》都区分不同案件类型，明确除民事行政公益诉讼案件一般由检察官办案组承办外，其他审查逮捕、审查起诉、诉讼监督等案件由独任检察官承办，只有案件重大、疑难、复杂的可以由检察官办案组承办。从我省少数地区检察官办案组的设置与办案数对比情况看，存在明显的空转问题。有的专业化办案组的设置完全没有经过案件量的测算，没有足够的案件来支撑。

（二）办理新型复杂案件的专业化能力有待提升

特别是近年来高发的金融犯罪、网络犯罪，对办案人员能力要求较高。以金融犯罪案件办理为例，南京、苏州、徐州、无锡等地都有大规模的涉众型金融犯罪，江苏省检察机关在这方面的基础很好，办案质量较高，但与上海相比还存在一定的差距。上海作为金融中心，早期证券交易所内有较多的内幕交易等违法犯罪，都交由检察院办理。他们的检察官在实践中早已熟悉了上市收购、股权交易等流程，专业化办案能力得到了极大提升。而江苏这类案件较少，相应的办案能力较为缺乏。

（三）在全国有影响的办案团队还显不足

从现状来看，全省成立了 700 多个办案组。省检察院在全省重点培育了 11 类 55 个专业化办案团队，也涌现了一批特色办案团队，但总体上在全国的影响力还不够大。如在办理公益诉讼案件方面，一些地区办理了一批环保类公益诉讼案件，但是尚未形成专业化的办案指引或操作指南，专业化程度有待提高，未在全国形成特色品牌。

三、加强专业化办案团队建设的具体举措

(一)结合内设机构改革推动专业化办案团队建设

根据《人民检察院组织法》的规定,办案组织可以分为两种:一种是独任制员额检察官,另一种是办案组。专业化办案团队建立在办案组的基础之上,一般指根据办案实践和当地案件特点规律建设的、具有独自特色的办案团队。其具体包含两层意义:一是专业化,二是团队化。在强调专业办案的同时,又强调团队办案。一些律师事务所的律师团队建设,经历了几个阶段,由曾经的一个律师"民事、行政、刑事打通关",发展到第二阶段,出现按照案件类别不同进行专业分工的阶段,有的律师专门办理离婚诉讼案件,有的律师专门办理刑事案件,不同类型的案件由不同的律师专业办理。发展至今,又出现了按照类案流程进行分工的模式。如一个团队中,由一个主办律师牵头,按照办案流程将案件分解给不同律师,根据案件需要由不同律师负责对接不同的部门,搜集组合证据。这种高效专业的团队办案模式不仅效率很高,而且非常精准,这是值得关注的趋势。检察机关目前还处在相对比较传统的阶段,迫切需要在现有基础上提升,不能固守老一套的做法。当前,最高检、省院和市院内设机构改革的大幕已经拉开,专业化的机构设置是其中一项重要安排。检察机关刑检部门按照轻罪、重罪、职务犯罪、经济犯罪等不同案件类型划分,既有利于同公安机关刑事办案部门的刑侦、经侦、网侦分类更好地衔接,也便于和法院的刑一庭、刑二庭分类进行衔接。这是专业化发展的趋势所在,也是推进专业化团队建设需要借助的有利契机。

(二)结合当地实际加强专业化办案团队建设

把握实事求是原则,不为了设置团队而设置团队,不为了打造品牌而打造品牌,要紧密结合地方发展特色、案件特点、人才分布,把司法办案与地情实际深度融合,服务地方大局,提升检察贡献度。

一是结合地方实际,做到因地制宜。专业化办案团队设置不能"一刀切",首要的是区分地域差异,植根当地、服务当地。如目前破坏长江生态环境的非法采砂、非法排污、电力捕鱼等犯罪多发,南京、镇江等长江沿岸地区纷纷成立环境资源保护办案团队,办理了一批涉长江重大案件,服务保障长江经济带发展。苏州市姑苏区院为保护古城,成立历史文化资源保护专业化办案组,办理了 28 起公益诉讼诉前程序案件,向 13 个部门发出检察建议 23 份,保护成果涉及历史街区、文物、古建筑等众多领域,得到社会各界的点赞和认可。泰州市高新区院针对医药名城的地方特色,成立食药犯罪办案团队,集中受理医药知识产权类案件,为医药企业提供打击犯罪、预防、宣传咨询、法律援助等服务。

二是结合案件实际,做到因案制宜。设立专业化办案团队的直接目的是办好案件。没有案件,团队就成了无本之木。应厘清成立团队与办理案件的关系,不能本末倒置。部分地区已出现较好的做法,如徐州市院设立专门办案团队,应对本地"全能神"等邪教

组织犯罪多发的问题。盐城是毒品犯罪重要的制毒原材料地,盐都区院成立了毒品犯罪案件办案团队,成功办理了一批群众反响强烈的大案。淮安市淮安区院针对民间借贷及上下游犯罪案件多发的实际,成立了民间标会办案团队。

三是结合人才实际,做到因才制宜。办案团队是人的集合,设立时应充分考虑人才储备情况。因才制宜不是因人设岗,而是要量才适用,将专门人才配备到合适岗位。如有会计师资格的检察人员,可以配备在经济金融犯罪类办案组;将具备计算机背景的人才,配置在网络信息化犯罪办案组。如南京市建邺区院金融检察办案团队共 4 名成员,其中 3 名具备金融、会计的专业背景。徐州市鼓楼区院电信网络办案团队的 3 名检察官均掌握一定的计算机、互联网专业知识,成功办理了全国最大"温柔"网络游戏盗号木马案等一批典型案件。镇江市京口区院成立的雨露守护未成年人检察办案组,集合了具有国家心理咨询师资格证书的检察官,在办案的同时方便对未成年人进行心理疏导。

(三)结合三级院的不同职能分工加强专业化团队建设

在建设专业化办案团队方面,虽然各级院的职责分工有所不同,但是都应做到尽职尽力。

一是从省级院层面来看,应充分发挥省院的指导引领作用。注重健全制度、搭建平台。省院已出台专业化团队建设指导意见,各地按照该意见进行了探索,但是制度建设还需进一步加强。省院应在全省范围内统筹考虑人才培训、专家库建设等工作;加强对下级院团队建设的推动和指导,进行实地调研;推动各市院交流学习,适时召开现场会,通过现场观摩促进互相交流;注重表彰激励,以奖励表彰、评优选先等方式,推动全省有特色的专业团队建设。同时,省院也应努力推动自身的专业化办案团队建设。在全省形成提升检察专业人才地位和职业尊荣的氛围,形成全省以高水平办理高质量案件为荣的局面。

二是从市级院层面来看,应切实做好统筹指导工作。市院作为一个中枢,对上接省,对下指导基层院。建设办案组时,应把握好当地案件数量、类型、特点、规律,统筹开展工作。重点选取有基础有潜力的办案组,进行针对性培育。如果某一个基层院人手不够,力量不够,专业人才不足,市院可在全市范围内,跨基层院进行资源配置,因案临时进行组合。市院可以选取符合本地实际的、有特色有潜力有实力的专业化办案团队打造品牌。在这一过程中应注意,不应为了追求办案团队数量和打造品牌而盲目下工夫,而是通过培育具备一定基础、潜力、实力的办案团队,以过程引导检察人员将时间和精力用于钻研业务,推动提升办案水平。

三是从基层院层面来说,在专业化办案团队建设中,基层院的工作任务是根据地区的办案特点和基础实力,具体组建办案团队。南通市如皋区检察院是一个很好的实践样本,当地根据如皋案件的特点和生态环境保护需求,设计了"三诉合一"的工作机制,具有一定的参考意义。各地在具体实施过程中也要注意不求多、只求精。各基层院检察长要在工作中实事求，具体把握，如果某一基层院没有突出特点的案件，不应强求组建专业化办案团队。

四、加强人才培养保障专业化办案团队建设

干事创业，人才是第一资源，推进专业化办案团队建设，需要围绕人才做文章。江苏省检察机关在人才储备和培养上具有优势。整体上看，人才基础面好，年龄结构、文化水平、办案经验等均处在全国前列。个体上看，当前已涌现出一批优秀的业务骨干，在办理大要案上打出了江苏品牌，较好地发挥了头雁的引领作用和酵母的催化作用。地域环境上看，江苏省对人才吸引力强，与周边发达地区交流协作紧密，成长成才的环境较为优越。但仍有进一步提升的空间，需要注意以下两个方面：

（一）因人制宜确定培养规划

专业化人才可分为两种：一种是存量的人才。各级院都有专业化办案人才，这些人才经过历史积淀和历届培养，具有较高的专业素养和办案能力。但不能故步自封，要在优异的基础上做增值。由省院统一规划，三级检察院参与，继续面向存量人才组织学习、培训；摸清人才基础状况，把全省的检察人才纳入人才库，用足用好，不断提升，不断增值。另一种是增量的人才。年轻同志是办案人才的好苗子，各级院党组都有培养人才的义务，如何花三五年时间让他们成为业务精英，需要一个综合统筹的考虑安排和科学有效的培训计划。省院要对工作进行推动和计划，提供各种信息、机会。市院基层院要把基础打好，选好苗子。之后应交任务，压担子，给予更多跟踪关注和培养锻炼。

（二）因岗制宜确定培训内容

开展教育培训，要紧贴检察工作实际，以专业化要求为指引，增强培训内容的针对性，切实防止培训和实践"两张皮"现象。如针对公诉部门干警需要较强语言表达能力的实际，在培训中应对其加强口头表达训练，着重练习口技、讲话水平，提高其庭上应对能力和询问技巧。选择教育培训师资应拓宽思路，充分利用社会资源。如交叉询问是诉辩对抗的重要环节，技术含量高，可以邀请法学名家、知名律师授课培训。省院各部门、各市院可以自行组织各种强化提升专业化能力水平的竞赛、评选等，让人才在良好的教育培训和职业氛围中成长进步，努力使江苏检察办案专业化的水平提升到一个新的台阶。

专　稿

江苏省检察机关办理 P2P 等互联网金融犯罪案件情况调研报告

蒋永良*

近年来,互联网金融行业发展迅猛,为丰富投资理财渠道、方便中小企业融资发挥了积极作用。但与此同时,P2P 等互联网金融平台在全国各地“爆雷”不断,呈现高发态势,不仅给投资人、部分民众的财产造成损失,同时也对社会稳定、金融秩序和金融安全产生重要影响。近期,江苏省检察院通过对 2017 年以来办理的 P2P 等互联网金融犯罪案件进行调研分析,剖析犯罪发展趋势和风险隐患,提出对策建议,以期进一步加大金融犯罪打击力度,防范化解金融风险,维护金融安全。

一、办理 P2P 等互联网金融犯罪案件基本情况

2017 年以来,我省检察机关共办理 P2P 等互联网金融犯罪案件 110 件,其中,2017 年 37 件,2018 年 73 件,同比增幅达 97.3%。此类犯罪绝大多数罪名集中于非法吸收公众存款罪和集资诈骗罪。与传统非法集资犯罪相比,此类犯罪案件规模屡创新高,个案风险聚集叠加,破坏力强、查办难度大,更具有社会危害性。

(一)犯罪持续高发,案件区域分布相对集中,重特大案件频发

P2P 等互联网金融犯罪的基本模式为设置网络交易平台或者以 P2P 平台交易为幌子,通过虚假投资项目、控制第三方平台等手法控制投资者资金,谋取不法利益。我省此类案件区域分布相对集中,南京、苏州两地案件数占到全省总数的一半以上。案件高位

---

* 蒋永良,江苏省人民检察院副检察长。

运行,不仅数量攀升,而且大案频发,涉案逾百亿元的案件屡见不鲜,如钱宝案、易乾宁、蛙宝网、联宝等案件,牵涉的投资人有的多达上百万人,行为人跨省实施犯罪的情况非常普遍。如苏州工业园区院办理的"绿能宝"非法吸收公众存款案集资人涉及全国各个省份。

(二)线上线下结合,辐射面更广,泛理财化特征明显

我省绝大多数 P2P 等互联网金融犯罪案件采取线上线下相结合的犯罪模式,迎合公众对个人资产保值升值的需求和国家鼓励创新政策,采取投资理财、财富管理、高科技项目、互联网金融理财等名义,除了铺设实体网点,通过发放宣传单、打电话等方式线下吸收资金外,还借助互联网开展宣传、销售、资金支付和归集。有的还开发 APP 应用程序供安卓系统、苹果等手机下载,以最大限度网罗投资人。例如,南京市院办理的薛秀丽集资诈骗案("易乾宁"案),被告人薛秀丽等人合谋成立南京易乾宁信息咨询公司和江苏易乾宁资产管理有限公司,采用发放宣传单册、开理财会等方式,以 P2P 的形式,向社会不特定公众推销年化收益为 5%—14% 不等的"易乾月""易乾季""易双季"等理财产品,向 97 813 人共计吸收资金 185.68 亿元,实际仅将少部分吸收的资金用于对外贷款、投资股权基金等经营活动,大部分资金用于兑付前期集资款本息、个人使用。

(三)公司化运作,欺骗性强,犯罪甄别难

此类犯罪方式日趋公司化、产业化,犯罪行为与经营行为相互交织,虚实结合,极具诱惑性、欺骗性。部分网络投资平台注册以合法的空壳公司作为掩护,运用产权式返租、电子商务、投资基金等新概念,用合法的外衣或名人效应骗取群众信任,并编造一夜暴富的神话,利用被害人对高额回报的盲目追求心理,通过投资论坛、投资网站、QQ 群等在目标人群中进行宣传推介,具有很强的煽动性和迷惑性。如钱宝案,被告人张小雷依托设立的钱旺网络科技公司和钱宝信息传媒公司组建完善钱宝网,通过在"钱宝网"上"交押金、看广告、做任务、赚外快"的方式,在线上向社会公众非法集资。张小雷隐瞒吸收资金的主要用途,通过设立或收购关联公司、对外夸大经济规模和投资价值,赞助相关活动等方式营造钱宝系企业实力雄厚、发展良好的假象,提升钱宝网的影响力,骗取集资参与人的信任,以达到持续进行非法集资的目的。为避免巨额亏空可能引发的资金链断裂风险,2017 年,张小雷还以自己新设或者实际控制的部分公司为标的,通过向部分前期集资参与人进行具有"业绩承诺""高价回购"性质内容的所谓"股权转让",继续进行非法集资,涉案金额达 1500 余亿元,严重危害了社会稳定。

(四)犯罪手法不断翻新,司法认定难度大,办案周期长

新类型案件频发,定性争议大。如利用网络平台非法电子期货交易案,行为人在互联网上搭建非法交易平台,打着"炒白银、炒石油、炒贵金属"等现货交易的幌子,通过 QQ、微信聊天等工具进行"喊单"(投资顾问即时的下单策略指导),吸引客户投资,进行非法电子期货交易,实际上现货交割的大型仓储是虚构的,交易平台也没有网络交易批复许可。对该类案件的司法定性,存在非法经营、诈骗等多种认识,不同定性导致犯罪数

额认定、犯罪嫌疑人刑责差异较大。司法实践中,由于侦查获取证据有限,无法指证行为人主观上具有非法占有的目的,多以非法经营罪论处,轻处罚不能有效发挥震慑犯罪作用。此类案件取证极为困难,非法 P2P 平台普遍存在会计记录、账册、凭证混乱等问题,导致吸收的资金去向很难查明,因此案件退查率较高,2017 年非法吸收公众存款案一次退查率为74%,集资诈骗罪一次退查率为62%。同时,由于该类犯罪的复杂性,公、检、法机关在不同诉讼阶段对证据把握标准不一,证据采信、定罪量刑等方面也面临着一些难题。

(五)案发滞后,追赃难度大,集资参与人往往损失惨重

非法集资经营期往往可持续数年,在被告人无法兑付时才会案发。部分投资者即使一早认清其中风险,但心存侥幸,认为短期内不会崩盘,铤而走险,不到东窗事发往往不会主动举报。而大部分集资款由于被挥霍或者支付高额利息,案发后往往难以追回,绝大多数投资人损失惨重。从我省办理的案件来看,没有一起非法集资案件的投资人能够完全挽回损失,所有案件所造成的实际损失均超过60%,个别案件实际损失甚至高达99%。

(六)涉及参与人众多,引发群访闹访,案件维稳处置难

利用 P2P 等互联网金融平台实施的犯罪具有明显的涉众性,参与人群庞大,资金缺口巨大,在目前自媒体发达的环境下,个案风险极易汇集叠加。部分投资人被骗后血本无归,生活陷入困境,加之追赃无望,遂借助微信等开展跨区域串联,给政府施加压力,引发集体访、长期访。投资人在自身利益受损的情况下,有时迫切需要司法机关及时侦破案件,严惩犯罪分子;有时又给司法机关施加压力要求释放犯罪嫌疑人、被告人,以便能够继续集资进而兑付他们的本金和利息。这类案件一旦处置不当,容易激化社会矛盾。如2018 年南京市建邺区检察院先后多次接待“钱道”“天瑞财富”等非法集资案件投资人来访。为了维护社会稳定,南京市检察机关在办理“钱宝案”过程中,先后以涉嫌聚众扰乱公共场所秩序罪批捕 3 名煽动闹事者。

二、P2P 等互联网金融犯罪高发的原因分析

(一)正规投资渠道无法满足民间投资需求

我省作为经济发达地区,民间资本相对较充足,民众有足够的投资能力。同时,由于股市等规模化投资渠道不景气,楼市价格在国家政策调控下逐步回落,存款利息难以弥补通货膨胀带来的货币贬值,使得民众具有较为强烈的投资需求以期保值增值。此时,犯罪分子利用部分群众“急于投资”的心理,虚构操作简单、回报率高的投资项目诱导投资,而大多数民众对互联网金融业务缺乏了解,缺少对投资渠道的甄别能力,跟风投资,最终导致巨额经济损失。

(二)企业生产经营资金缺口大,融资难问题突出

当前经济下行压力较大,企业生产经营需要资金支持,但金融机构特别是银行的贷

款门槛高、程序烦琐、放款慢,尤其是民营企业、中小微企业融资更难。为了获取大量流动资金,有的自行向社会融资,有的转向程序简便、放款速度快的互联网融资平台,从而催生了非法集资。

(三)P2P 等互联网金融平台往往投入不高,犯罪源头预防难

P2P 等互联网金融作为一种新型的融资手段,具有门槛低、收益高、操作方便、灵活度强等特点,在发展伊始便表现出旺盛的生命力,呈现爆发式增长态势。但是在很长一段时间里,该行业处于"无监管机构、无准入门槛、无行业标准"的"三无"境地,整个行业良莠不齐,乱象丛生。网贷公司只需花费极少注册手续和成本即可成立,致使一些资金实力弱小、技术能力欠缺、抱有非法集资目的的公司充斥其中。P2P 平台系统无须审批且搭建简单,在网上花几十元钱即可购买源代码,再组织人员研发,或花几万元钱购买成型系统,短期内就能上线运行。特别是一些中小平台,使用的 APP 软件仅投资 1 万至 3 万元即可。虽然之后银监会等部门加强了行业监管,但是实践中突破红线或者改头换面以其他方式规避监管的情形依然屡见不鲜。

(四)多头管理缺乏联动,形成打击合力不够

虽然近年来行政部门对 P2P 等互联网金融专项整治清理力度不断加大,尤其是 2016 年 8 月银监办、工信部等部门联合发布《网络借贷信息中介机构业务活动管理暂行办法》,P2P 等互联网金融平台逐渐开始走向合规发展的道路。但是,以往行政监管中存在一些弊端,如银保监会、地方金融办等监管部门职能分散、各管一段,地方金融办又无执法权,导致监管空白与重复并存,加之彼此信息沟通渠道不太顺畅,导致尚未建立对涉及融资业务的互联网平台事前、事中、事后全过程监管机制,不能及时发现非法集资线索。此外,网络融资平台为了增强信誉度,往往会和资信较好的第三方支付平台合作,群众因为第三方支付平台的可信度高,产生误解进行投资,但实际上第三方支付平台并未对网络融资平台进行及时有效的监管。此外,司法对接不畅通是造成此类犯罪打击惩治相对滞后的机制原因。虽然公、检、法机关与其他职能部门建立了有关工作机制,但围绕综合治理的整体布局,仍亟待形成运行高效、协调到位的工作机制。

(五)法律供给不足、执法标准不统一,赃款追缴及涉案财物的处置面临难题

对非法集资赃款的追缴及涉案财物的处置通常涉及诸多法律关系,法律依据不明确,难度大,周期长。尤其是对经转移、变现后的相关资产的处置,还会由于法律规定的缺失或不统一等因素造成法律依据不足。虽然 2014 年最高人民法院、最高人民检察院、公安部出台的《关于办理非法集资刑事案件适用法律若干问题的意见》(以下简称《意见》),对涉案财物的追缴和处置作出规定,但《意见》和《物权法》《合同法》等法律相比法律位阶较低,对处置的主体也未明确规定。此外,在如何界定集资参与人和民间借贷人的问题上,司法实践中还存在不同认识。如果以非法集资犯罪分子作为参照,凡是(高息)借钱给非法集资犯罪分子都认定为非法集资参与人,认定标准虽易掌握,但实际操作

难度较大。实践中，出借人往往是个体行为，如果其对非法集资犯罪分子的整体犯罪行为没有认识，而仅仅以其借钱给非法集资犯罪分子就认定为集资参与人，对其出借资金的行为法律一律不予保护，则老百姓不能理解，也难以服众。

三、加强互联网金融犯罪监管工作的对策、建议

（一）立足职能，将防范和化解金融风险作为检察机关的重点工作予以部署落实

按照中央、省委、高检院提出的打好防范化解重大风险攻坚战的要求，立足职能，建立健全危害金融安全犯罪惩防教育机制。把整治金融违法犯罪问题与惩治腐败、扫黑除恶有机结合，提升打击效果。如江苏省院将防范和化解金融风险列为去年 21 项重点工作之一，通过建立健全行政执法与刑事司法衔接机制，举办打击互联网金融犯罪、防范互联网金融风险论坛，召开新闻发布会等一系列工作举措，积极参与打好防范化解重大风险攻坚战。探索专业化办案模式，有针对性地培养复合型司法办案人才。省院下发了《关于公布全省检察办案组专业化培育对象的通知》，对全省 11 类 55 个办案组进行重点培育，其中金融犯罪办案组 5 个，经济犯罪办案组 4 个，通过加强专业化、精品化建设，促进提升办案质效。

（二）健全 P2P 等互联网金融监管制度，确保平台规范运作

P2P 等互联网金融平台应当严格准入制度，逐步从登记制转变到牌照制。虽然 2017 年 6 月中国人民银行等十七部门联合印发的《关于进一步做好互联网金融风险专项整治清理整顿工作的通知》，要求凡从事互联网金融活动，必须依法接受准入或备案管理，但是，该项监管主要解决的是平台真假的问题，对于好坏与否并没有涉及。建议坚守 P2P 网络借贷平台“信息中介平台”的法律定位，防止异化为“信用中介”，明确平台本身不得直接参与借贷交易、不得建立资金池、不得提供平台担保，不允许向投资者提供投资建议或推荐。同时，逐步提高门槛，对从业机构在注册资本、高管人员专业知识和从业年限、组织构架、风险管理、IT 设施、资金托管等方面加强资质报批管理。严格资金管理，建议严格隔离自有资金与客户资金，防止出现资金挪用、混用情况。引入第三方机构负责资金托管，代理 P2P 平台在各方账户之间进行资金划转，保证资金的安全性。强化信息如实披露，及时公布平台的运营状况，定期上报其经营状况及财务报表等资料，使监管机构能够及时掌握网络信贷资金规模及其真实发展状况。此外，履行风险告知义务，不得虚构或篡改信息，或对投资者做出误导陈述和虚假宣传，保障投资者的知情权和选择权。建立金融广告发布事前审查制度，着重加强金融推介宣传的监管工作，防止非法集资虚假宣传。

（三）建立沟通协调和配合机制，形成金融监管合力

补齐金融监管短板，逐渐实行穿透性监管从理念、框架到细节的细化，形成综合、系统、统筹、穿透的监管大格局。一是积极运用监管科技回应市场需求。如充分利用大数

据、云计算等信息手段,强化对大额、多笔资金密集、异常流动的监测和预警,坚持对非法集资活动"打早打小"。二是加强部门联动,强化监管合作。建立健全由政府牵头,行政执法机关、金融监管部门和公、检、法机关参与的非法集资风险监测、预警和管控工作机制。统筹发挥金融办、工商、税务等部门的职能,分工配合、优势互补,切实解决互联网金融监管缺位、监管重叠、监管措施不力等问题,有效挤压非法集资犯罪生存的空间。特别应当充分发挥联席会议制度的作用,配套跟进监管措施,延伸监管边界,有效防范各种金融风险。三是畅通金融犯罪的行刑衔接。深化金融领域"两法衔接"机制。行政机关及时移送办案中发现的违法犯罪线索,检察机关不断完善适时介入侦查、引导取证机制,着力破解相关犯罪侦查难、取证难的问题。针对"影子银行"、地下金融、P2P 网贷机构等,行政监管部门与公安司法机关联合开展专项整治活动,对危害金融安全行为形成共管共治合力。对实践中存在认识分歧的互联网金融犯罪案件认真研究,达成共识,研究制定相应的规范文件,统一执法司法标准。

（四）加强顶层设计,进一步完善涉案财产处置的相关制度和法律规定

涉案财产的处置是处理非法集资案件的难点。针对当前处理此类案件时存在的涉及人员众多、民间借贷出借人与集资参与人较难区分、涉案财产处置刑民交叉以及处置责任主体模糊、规定不明确等问题,亟须加强顶层制度设计,进一步明确责任主体,制定、完善非法集资案件涉案财产处置的相关规定,为涉案财产的处置提供具体明确的依据。畅通群众诉求反映渠道,及时回应群众诉求,认真查证群众提供的线索,尤其是对群众反映的被告人未被查封、扣押、冻结的财产线索指定受理、调查主体,以便尽可能地发现、挖掘赃款去向,最大限度地追赃挽损。

（五）主动融入社会治理格局,促进提升社会治理现代化、法治化水平

对办案中发现的监管漏洞,及时研究提出改进管理的意见建议,促进提升社会治理现代化、法治化水平。进一步拓宽宣传渠道,改进宣传方式,提升社会公众识别能力和防范意识。加强对涉及 P2P 网贷犯罪的类案分析,结合典型案例,加强以案释法,提醒群众理性投资。建立 P2P 平台等互联网金融社会融资的警示制度,及时向社会公众发布投资风险,增强投资的风险意识。相关部门定期举办非法集资犯罪新闻发布会或防范非法集资新闻媒体通气会,向社会各界介绍司法机关办理的非法集资犯罪情况,剖析犯罪特点、陷阱,及时提示存在的风险,积极推动金融风险防范化解工作。

（六）深化金融市场改革,压缩金融违法犯罪的生存空间

进一步降低贷款门槛,简化贷款手续,拓宽中小企业融资渠道。鼓励推出更多符合企业发展和客户需要的灵活金融产品及服务,压缩民间高利借贷的存在和发展空间。同时,鼓励和引导民间资本投资医疗、教育、社会福利事业等领域,拓宽民间投资渠道,实现与金融机构的错位互补发展。

主题研讨

变相非法吸收公众存款的行为界定

于坤祥*

摘要：司法实践中，变相非法吸收存款的犯罪手法不断翻新升级，应结合非法吸收公众存款罪"还本付息"的本质特征进行认定。P2P网络借贷平台涉嫌变相非法吸收公众存款的判断标准在于是否设立资金池。对于商品销售型非法吸收公众存款主要从其行为是以获取商品或者服务为目的，还是以货币增值为目的进行判断。对于股权投资、私募基金等变相非法吸收公众存款行为主要看其回报是否固定，并结合相应法律法规予以综合判定。

关键词：变相非法吸收公众存款　资金池　商品服务真实性　固定收益

我国《刑法》规定非法吸收公众存款罪是指违反国家金融管理法规非法吸收公众存款或变相吸收公众存款，扰乱金融秩序的行为。传统以"借款"方式非法吸收公众存款案件在定性上几无争议。实践中，行为人以P2P平台、商品交易等变相非法吸收存款的犯罪手法不断翻新升级，具有很强的迷惑性，也给司法认定带来诸多困难。

一、变相吸收公众存款的法律渊源和本质含义

1998年颁布、2011年修订的国务院《非法金融机构和非法金融业务活动取缔办法》第4条规定，变相吸收公众存款是指未经中国人民银行批准，不以吸收公众存款的名义，向社会不特定对象吸收资金，但承诺履行的义务与吸收公众存款相同，即都是还本付息

---

* 于坤祥，江苏省苏州市人民检察院公诉二处检察员。

的活动。

2010 年最高人民法院印发《关于审理非法集资刑事案件具体应用法律若干问题的解释》(以下简称《解释》)规定,非法集资是违反国家金融管理法律规定,向社会公众吸收资金的行为,需同时具备非法性、公开性、利诱性、社会性四个特征要件。《解释》第 2 条对各种多发、易发的非法吸收公众存款行为进行了甄别分类,根据其发生领域和行为特点具体列举了十种非法吸收公众存款行为。

从上述规定不难看出,变相非法吸收公众存款与非法吸收公众存款本质相通,其核心在于是否返本付息,无论行为人以何种名义融资,只要其行为最终可以归结为返本付息,就能够将其认定为变相吸收公众存款。

二、P2P 网络借贷平台认定为非法吸收公众存款的标准

(一)P2P 网络借贷平台的概念和性质

P2P 网络借贷平台是指依法设立的专门从事网络借贷信息中介业务活动的金融信息中介公司,网络借贷是指个体和个体之间通过互联网平台实现的直接借贷。为保障 P2P 行业的健康发展以及投资人的资金安全,自 2015 年起,国家相继出台《关于促进互联网金融健康发展的指导意见》《网络借贷信息中介机构业务活动管理暂行办法》《网络借贷资金存管业务指引》等监管法规,明确网络借贷平台中介本质,坚持平台功能,不得提供增信服务等要求。这些要求均表明,在互联网金融中,网贷平台并不是提供信用的主体,而仅仅是传递信息的平台,为投资方和融资方提供信息交互、撮合、资信评估等中介服务。

(二)P2P 网络借贷平台涉嫌变相非法吸收公众存款的判断标准在于是否设立资金池

互联网金融是金融与互联网相互融合形成的新型金融业务模式。其本质仍然是金融,潜在的风险与传统金融没有区别,甚至还可能因互联网的作用而被放大,更需要监管与规制。[①] 而对于资金池的使用,虽然降低了资金管理成本并提高了资金运用效率,但也伴随着巨大的卷款跑路风险和流动性风险。因此,在面对资金安全和金融创新的价值权衡时,我国相关法律规范无疑选择了前者,明确规定 P2P 网络借贷平台严禁归集资金、沉淀资金的“资金池”行为。

作为一种资金管理模式而言,资金池本身并无好坏之分。该模式也是银行、保险等运营的核心。但资金池良好运作的前提是国家监管保障资金的安全,不会被卷款潜逃、挪用等,同时投资人要有充足的信心,不发生挤兑,以保证流动性。但实际的情况是,在 P2P 行业目前的环境下,这两个前提都不存在,因此,不设立资金池是从事 P2P 网络借贷业务的底线。

---

① 参见 2017 年 6 月 1 日最高人民检察院印发的《关于办理涉互联网金融犯罪案件有关问题座谈会纪要》。

（三）P2P 网络借贷平台涉嫌变相非法吸收公众存款的模式

司法实践中，P2P 网络借贷平台直接从事非法集资活动，主要有两种模式：一是虚构项目标，先以虚构的项目标的吸收投资人资金，再寻找有借款需求的借款人。平台实际上履行了金融机构的职能，变相吸储放贷。二是拆分债权、期限错配即对借款进行期限拆标，将长期借款拆分为若干短期借款，以借新债还旧债，形成资金池。

上述第一种模式明显存在资金沉淀行为，构成非法吸收公众存款罪当无争议。但是对于第二种拆标、错配的模式，有无形成资金池以及是否构成非法吸收公众存款罪存在一定争议。

（四）拆分债权、期限错配模式辨析

为了能够更好地连接借款者的资金需求和投资者的理财需求，主动地批量化开展业务，目前国内很多 P2P 网贷平台采取了拆标的形式进行融资，主要存在两种模式：一种模式是直接将借款人的借款需求进行金额和期限拆分；另一种模式是专业放贷人加债权转移。

1. 直接拆标模式

案例：深圳 P2P 平台国湘资本案

基本案情："某酒厂借款 1000 万元，借款期限 18 个月，国湘资本网运营部即安排每天发 100 万元 1 月期限标，分 10 天完成，募集完成后的资金由国湘金融信息服务有限公司或国湘集团支付给借款人。1 月后再循环发 10 次借款标，每次 100 万元；2 月后再循环……以此类推。"①

在上述国湘资本拆标、错配模式下，前 10 个标的投资人的钱确实流向借款酒厂。但从第二个月起的 10 个标，投资人的钱是用来偿还上个月 10 个标的到期款，而没有流向借款酒厂，肯定是流向了平台的账户，也就形成了资金池。平台能掌握、控制投资人的钱，就有卷款跑路的可能，投资人也就多了一层风险。另外，在之后的几个月，网贷平台在该项目无法筹集到足额的钱款，如果其发布假标去筹钱，必然又再次形成资金池，同样面临风险。如果其使用自有资金偿还上期借款，则需要平台自身具有强大的资金能力，一旦后续资金缺失，平台则无法偿还前期投资者的本金及利息，造成平台资金链断裂、提现困难，从而引发流动性风险。因此，平台运用该种模式已经完全脱离其信息中介的本质，直接介入资金交易，实际上跟传统金融机构的运营一致，但是却没有传统金融机构的制度性保障优势，具有极大的风险，该行为模式应当认定为非法吸收公众存款罪。

2. 专业放贷人加债权转移模式

案例：×××公司等非法吸收公众存款案

基本案情：犯罪嫌疑人陈某在 2013 年 6 月至 2016 年 5 月担任×××（苏州）财富管

---

① 《拆标、错配、资金池连环计　接盘侠最倒霉》，载天眼社区网，http://www.p2peye.com/thread-593502.html，最后访问日期：2018 年 6 月 15 日。

理有限公司、上海×××金融信息服务有限公司实际控制人期间，以×××公司、上海×××公司的名义，通过散发广告、媒体宣传等方式，利用债权转让项目（上海××饭店抵押项目、个人房产抵押项目）向社会公众人员进行债权转让。后因上海××饭店的母公司××集团涉嫌非法吸收公众存款导致资金链断裂无法兑付而案发。

专业放贷人加债权转移模式是借贷双方不直接签订合同，而采用第三方个人先行放款给资金需求者，再通过P2P网贷平台由该第三方个人将债权转让给投资者的形式。本案中，×××公司将基础债权人陈某以及吴某等人的债权进行拆分后，在平台上进行债权转让。该模式具有一定的形式合法性：一方面，《合同法》第79条规定"债权人可以将合同的权利全部或者部分转让给第三人"；另一方面，P2P网贷平台若是严格按照先形成债权再进行转让的模式来操作，则不存在资金沉淀的道德风险。其虽然存在专业放贷人违约的可能，但这也是P2P网贷行业的正常经营风险。因此，该行为模式对于P2P网贷平台，从理论上不存在违法性。但在实践中，很多P2P网贷平台都是以这种模式的名义实际上从事归集资金的非法集资行为。在案件办理过程中，应对资金流向、债权债务真实性、专业放贷人与平台是否混同等方面进行重点审查。

三、以合法形式掩盖真实目的变相非法吸收公众存款的认定标准

综观近年来办理的非法吸收公众存款案件，行为人以变相方式吸收存款的具体手段层出不穷、花样繁多。笔者认为界定二者的关键在于以下两个方面：一是有无真实的内容，如商品、服务、股权等；二是出资人是否以获取回报为目的。

（一）销售商品型变相非法吸收公众存款

销售商品活动与融资活动存在本质不同，销售商品以获取商品或者服务为目标，而融资活动则以货币增值为目标。根据最高人民法院刘为波法官的观点，可以从以下两个方面着手：一是交易目的。从提供资金方的角度看，商业交易中提供资金方以获取商品或者服务为目的；非法集资中提供资金方以获取高额提成、分红或者返利等回报为目的。从接受资金方的角度看，商业交易中接受资金方以赚取交易利润为目的；非法集资中接受资金方以筹集资金为目的。二是交易条件。非法集资中接受资金方不提供真实的商品和服务，或者以次充好、以少换多，提供商品和服务的价值远远低于购买方支付的资金数额，甚至所提供的商品和服务虚拟化或者证券化，购买者并不能真正行使商品的支配、使用或者处分等权能；非法集资中接受资金方也不把自己作为真正的消费者看待，对于商品或者服务的真实性和等价性并不在意，对于虚假销售行为具有主观明知或予以默许。[①] 下面结合相关案例进行具体分析：

1. 自始至终没有出现真实的商品交易，应认定为非法吸收公众存款。如苏州市姑苏

① 参见刘为波：《非法吸收公众存款行为方式的理解与认定》，载《中国审判》2011年第3期。

区人民检察院办理的孙某某、张某某非法吸收公众存款案和张家港市人民检察院办理的周某某、陈某非法吸收公众存款案。上述案件中,被告人分别以认购食用油委托代销形式和购买辣木成为会员享受积分返还的方式变相非法吸收公众存款。该案中,自始至终没有出现真实的商品交易,认定为非法吸收公众存款罪,当无争议。

2. 对于形式上存在返还奖励等承诺回报,但其中也包含有一定真实商品交易的情形,原则上应保持《刑法》的谦抑性,特别是未造成严重后果的,不宜入罪。如姑苏区人民检察院办理的宜春金 × ×公司非法吸收公众存款案,宜春金 × ×公司采用按照投资金额支付每月 1% 或 4% 的艺术品文化推广补贴,承诺上市赠送 40%—100% 的股权、未上市可原价回购等方式,向李某等 20 人出售字画等艺术品。本案中,可以证实金 × ×公司存在公开宣传、商品回购、寄存代售、变相返现等行为,但均系真实的艺术品交易,且艺术品均具有一定的市场价值,保值增值也符合艺术品投资的特性,无法认定犯罪嫌疑单位不以销售商品为主要目的,也无法直接认定该种销售形式是非法吸收公众存款性质,最终该案以公安机关撤案处理。

3. 对于同一案件中,不同被害人是否具有真实商品交易也要区分情形,不能一概而论。如姑苏区人民检察院办理的张某霞非法吸收公众存款案,被告人通过所谓购买普通会员、VIP 会员、购买养生基地“居住权”,约定售后包租等形式非法吸收公众存款。本案中,被告人吸收存款主要有三种方式:第一种是普通会员,10000 元的普通会员,客户可以用这些钱来参加公司组织的旅游、度假养生或者是购物。第二种是 VIP 会员,客户交 50000 元,公司赠送 100 天的度假基地标间免费居住权,可以折现。第三种是购买居住权。客户交 56800 元购买巴马或者抚仙湖度假基地 3 年的居住权,可由公司代为出租,每月租金 8280 元。

从公司普通会员陈述和统计数据看,大部分普通会员也在 × 旅公司旅游消费过数额不等的金钱,并且在普通会员的协议书上约定的内容仅规定了会员卡期满后,卡内余额可以兑换产品、续期、继承,并没有可以兑现的约定。目前市场上很多公司均以预付费、储值卡等形式吸收客户资金,判断是否构成非法吸收公众存款,需要满足是否承诺在一定期限内以货币、实物、股权等方式还本付息或者给付回报,× 旅公司的普通会员费明显不具备这一要素。因此,本案中对于普通会员部分未予认定为变相非法吸收存款。但是,针对 VIP 会员以及更高级别的会员,结合 × 旅公司相关工作人员的证言及被害人陈述,双方交易的目的并非居住权,而是其背后的资金回报,且 × 旅公司推出的购买所谓居住权明显带有售后包租等变相吸收存款性质,对该部分应予以认定。

(二)房产销售型变相非法吸收公众存款

司法实践中,销售房产形式的变相非法吸收公众存款主要表现为返本销售、售后包租、约定回购、分拆销售等。对于售后包租、分拆销售行为,《商品房销售管理办法》等法律法规明确予以禁止。但该销售行为的违法性不能成为判定其构成非法吸收公众存款的依据。对其进行界定的核心还在于其销售房产行为的真实性和行为人销售房产的目的。具体可以从以下几个方面进行判定:一是销售的房产是否客观存在,实践中房产开发商采取上述销售房产方式多处于工程施工期间,对其判断的标准可界定为购房者是否具有实现其权益的现实可能性。二是销售的房产或权益是否能够进行交易。该房产上是否有抵押或者其他纠纷,是否存在"一房二卖"的情形,足以影响购房者相关权益的实现。三是回报比例是否符合市场规律,其回报比例是否明显高于当地的租金收益。四是资金流向,主要看资金是否用于项目建设或者偿还项目借款。

以苏州工业园区人民检察院办理的苏州××科技投资发展有限公司、黄某生非法吸收公众存款案为例,2012年5月至2014年8月间,被告单位苏州×公司法定代表人黄某生为解决被告单位在建的×广场工程的资金困难问题,将在建工业用地性质的部分楼房分割成小间,通过雇佣营销公司散发广告、媒体宣传等手段,以合作投资建设的名义吸引共计172人签订协议,约定给付相应钱款后参与人可以获取建成后相应小间的使用权,并与其中151人再行签订了委托租赁协议,约定相关参与人委托租赁十年,付款后即按照8%递增至14%的年利率支付租金。另查明,×科技广场工程规划建成后建筑面积为39587.69平方米,已签订共建协议面积共计13780平方米,现相关主体工程已建设完成,消防、环保验收已通过,尚未规划和竣工验收。

本案被告单位、被告人虽然客观上实施了通过房产中介向社会不特定对象宣传投资合作建设工业用房并承诺返租的行为,且被告单位有偿转让虽然不是房屋的所有权,而是房屋权属之一的使用权。但到案发前,各投资人均实际取得了所投资合作建房的使用权及部分收益,因此,属于具有真实内容的交易,故本案不属于"不具有房产销售的真实内容或者不以房产销售为主要目的"的情形,被告单位、被告人的行为不构成非法吸收公众存款罪。

(三)私募基金型变相非法吸收公众存款

合法私募是为法律法规认可的资金募集方式,根据我国《证券法》第10条第2款和第3款以及2006年国务院《关于严厉打击非法发行股票和非法经营证券业务有关问题的通知》的相关规定,对于私募行为的人数、非公开发行方式及投资者均规定了严苛的条件。司法实践中,经常出现以私募基金为名的各类非法集资活动。剖析合法私募与非法集资的判别标准,可以从以下四个方面分析:一是募集资金的对象是否特定。合法私募的对象必须限定于特定的具有风险识别能力和风险承受能力的合格投资者。二是募集资金的方式是否公开。合法私募不得使用广告、公告、广播、电话、传真、信函、推介会、说明会、网络、短信、公开劝诱等任何公开劝诱手段。三是募集对象的人数是否受到限制。我国现行的私募股权投资基金及信托计划等均对合格投资者的人数有明确限定。四是投资收益是否固定,私募基金不得向投资者承诺确保收回投资本金或获得固定回报,而非法吸收公众存款往往承诺保证还本付息。

以苏州市姑苏区人民检察院办理的深圳金×银并购基金管理有限公司苏州分公司、莫某敏非法吸收公众存款案为例，2013 年 9 月至 2015 年 4 月间，被告人莫某敏以投资私募基金的名义，通过广告对外公开宣传深圳金×银公司基金产品，并向投资者承诺本金和收益，向不特定人员非法吸收公众存款。本案中被告单位、被告人的行为均违反了上述四个方面中合法私募的相关规定，且符合变相非法吸收公众存款的非法性、公开性、利诱性、社会性四个特征要件，应当认定为非法吸收公众存款罪。

（四）股权投资型变相非法吸收公众存款

近年来，资本市场正慢慢孕育着新的投资机会，尤其是股权投资类产品已成为了当今财富管理市场中的新宠。一些不法分子趁机打着投资“四板上市公司”“原始股”的名义非法吸收公众存款。司法实践中常见的有两种模式：一是股权投资基金形式，股权投资基金实质为私募基金，对其行为合法性的判断，可参考上文。二是直接投资入股形式，常见的有股权众筹、原始股转让等模式。直接投资入股属于公司、企业治理范畴，其应受现有法律框架《公司法》《合伙企业法》《证券法》的监管，未经国务院证券监督管理机构批准，任何单位和个人都不得向不特定对象发行证券、向特定对象发行证券累计不得超过 200 人，非公开发行证券不得采用广告、公开劝诱和变相公开方式。

1. 股权投资行为涉嫌犯罪的情形。擅自发行股票罪。《最高人民法院关于审理非法集资刑事案件具体应用法律若干问题的解释》中擅自发行股票罪的客观行为包含“向不特定对象发行证券”或者“向特定对象发行证券累计超过 200 人”两种情形。因此，如果行为人向社会上不特定的对象发行股票或是向特定的对象发行股票累计超过 200 人，那么极有可能构成擅自发行股票罪。

2. 异化为非法吸收公众存款行为。如果融资者的真实意图不在于以股权回报的方式筹集资金，或者投资者的本意不在于通过投资获利，而是以股权众筹为幌子变相非法吸收公众存款，则构成非法集资行为。

3. 擅自发行股票罪与非法吸收公众存款罪之间的区别。根据《最高人民法院关于审理非法集资刑事案件具体应用法律若干问题的解释》第 2 条第（五）项和第（八）项规定，不具有发行股票、债券的真实内容，以虚假转让股权、发售虚构债券等方式非法吸收资金的和以投资入股的方式非法吸收资金的，认定为非法吸收公众存款的两种客观行为。由此导致，该行为与擅自发行股票罪的客观表现具有相似性。笔者认为，对于二者之间的区别，核心在于是否具有发行股票的真实内容，主要从以下四个方面进行审查：

（1）行为人承诺回报是否具有必然性。非法吸收公众存款罪利诱性是指以承诺还本付息或给付回报为条件向公众筹集资金，此回报具有必然性；而股权众筹或融资并不保证还本付息，融资者也不会作出必然给付回报的承诺，而是由投资者与融资者共担风险。因此，二者之间的区别在于行为人是否承诺“必然”给付回报。

（2）被害人是否行使了股东的权力，履行了股东的义务。擅自发行股票罪一方面是行为人通过发行股票吸收资金；另一方面也要赋予被害人相应的股东权利。因此，要重点审查行为人在进行股票发行时是否具备使被害人作为公司股东的故意，被害人是否切实行使了股东的权利，履行了股东的义务。

(3)发行股票公司标的项目的真实性。一是公司是否真实存在或正常运营；二是公司是否具有发行股票的客观需求，是否存在真实的标的项目，抑或是否具有相应的运营规划。

(4)募集资金的具体用途。公司募集到的资金是否用于本公司的生产经营，是否用于其所标榜的标的项目上。

司法实践中，相关判例也体现了上述的区分标准，如江苏省高级人民法院对于曹正仪非法吸收公众存款案的驳回申诉通知书中载明：被告人曹正仪为筹措资金需要，花费3万元在香港设立了福鼎晟公司。后以福鼎晟公司即将赴美国纳斯达克上市为由，在盐城及周边十余个省(市)推介出售所谓“原始股”，确定股东、董事的星级标准，并以每日按1%返利直至公司正式上市为诱饵，广泛募集股东。其行为不具有发行股票的真实内容，符合《最高人民法院关于审理非法集资刑事案件具体应用法律若干问题的解释》第5条规定的非法吸收公众存款罪的构成要件。①

---

① 参见江苏省高级人民法院《驳回申诉通知书》(2016)苏刑申183号。

非法集资类犯罪与商业运营模式创新的边界问题研究

胡　莹　李　婷*

摘要：金融风险是金融创新的必然结果，现行《刑法》在调控金融创新风险方面，倾向于垄断的金融管理秩序，忽视了金融犯罪的二次违法特征，对金融发展具有积极意义的民间融资行为易被机械入罪。在风险社会下，应当坚守罪责刑相适应的理念，只有严重危及金融交易秩序的创新风险才能考虑《刑法》的介入，当前《刑法》手段应是规制金融创新风险的主导力量，而《刑法》则对规制金融创新风险进行有效的补充与保障。对于符合市场经济发展规律的创新行为要进行实质化认定，合理限缩金融创新风险的入罪范围。

关键词：非法集资　创新与风险　刑法规制　理性把握

金融是现代经济的核心，金融创新则是金融发展的主要动力。根据2015年人民银行等十部门联合发布的《关于促进互联网金融健康发展的指导意见》和2016年国务院办公厅发布的《互联网金融风险专项整治工作实施方案》两个文件，我们可以看出金融创新的积极作用在于支持大众创业、万众创新。但是，金融创新在带来思维方式更新的同时，也带来了金融领域犯罪的高发态势。在运作过程中，金融创新就如同技术创新可以被滥用，服务于不正当的目的，即使未被滥用，一些在短期内有利于金融经济发展的行为，也可能会与国家的金融政策存在冲突，从而引发金融创新的法律风险。这种风险，既包括伴生风险，也包括随机的、主要由人的不法行为导致的违法、犯罪风险。① 最典型的案例莫过于“e租宝案”“钱宝案”等。

作为调整社会关系“最后一道防线”的《刑法》如何在鼓励金融创新与刑法规制之间寻求平衡，是当前规范和发展商业运营模式过程中一个亟须破解的难题。现行《刑法》有

---

* 胡莹，江苏省南京市建邺区人民检察院刑事检察三部检察员；李婷，江苏省南京市建邺区人民检察院刑事检察三部助理检察员。

① 参见林清红、李振林：《金融创新视野下金融刑法的规制路径抉择》，载《江西警察学院学报》2014年第5期。

关非法集资类犯罪的规定主要是为了规范传统金融行为，显然与以 P2P 网贷、众筹为代表的互联网金融模式存在不匹配之处。金融创新的行为很容易步入非法集资的“刑事旋涡”之中，因此，我们既不能阻碍金融创新，也不能纵容一些借创新之名搞非法吸储的行为。

一、商业运营模式创新“越界”之实证分析

从金融检察工作实践来看，当前的非法集资案件往往都披着商业运营模式创新的外衣，在未案发前，存在很强的隐蔽性。与传统的非法集资案件相比，其隐蔽性更强，持续时间更长，涉案人数更多，涉案金额更大。主要有以下几种模式：

（一）以创新传统线下商业运营模式为手段非法集资

【案例1】2014 年以来，犯罪嫌疑人曹斌铭及其妻徐锦玲出资设立江苏华晚老龄产业发展有限公司、江苏爱晚投资股份有限公司、福晚投资控股（上海）有限公司等公司，对外号称华晚集团，在江苏、浙江、山东等省市设立了多家关联公司，以“爱福家”居家养老项目为名发展中老年会员，并以 8%—13.5% 的年息向社会公众非法吸纳巨额资金。截至 2018 年 5 月 14 日，参与投资的会员达 90000 余人，涉及金额 120 余亿元，损失约 50 亿元。

上列案例中，曹斌铭并非以传统的高息借款模式吸储，而是以居家养老项目为名与集资参与人签订所谓的投资合同，承诺年息 8%—13.5%，并可以享受居家养老服务。由于打着创新养老的旗号，具有较强的隐蔽性，曹斌铭的非法吸储规模逐年扩大，在全国 18 个省市成立 200 多家从事老龄金融业务的关联公司，并聘请明星作为爱福家项目的代言人，曹斌铭本人也被称为中国老龄产业领军人物。究其 4 年时间吸收 120 余亿元的原因，就是其以商业运营模式创新作为伪装手段，骗取老年群体的信任，从而能够持续经营、扩大规模。

（二）以搭建互联网平台为手段非法集资

【案例2】2013 年 3 月，高宇星召集孙文、李冠楠创建江苏维纳达软件技术有限公司，由孙文担任公司法人，聘用徐沛等人员研发“蛙宝网”互联网平台，以游戏推广任务和签到任务为名，以月息 1.5%—5% 的高额收益为诱饵，向社会公众非法集资。截至 2018 年 1 月 3 日，“蛙宝网”投资人数共 28000 余人，吸收资金总额 187 亿余元。

上列案例中，孙文等人以互联网平台为犯罪工具，通过线上宣传、销售和资金归集等活动，实现在线吸储和自动运行，传播速度快、涉及地域广。由于此类犯罪平台，没有传统市场营销部门线下推广和宣传，只需行政管理、技术服务等人员从事网站后台管理、技术维护等工作，导致非法集资犯罪人员打击范围难以界定，如何评价其中提供技术或辅助人员对非法集资犯罪所起的作用，成为一大难题。

（三）以 P2P 的形式非法集资

【案例3】e 租宝案是“钰诚系”下属的金易融（北京）网络科技有限公司运营的网络

平台打着“网络金融”的旗号上线运营,“钰诚系”相关犯罪嫌疑人在不具有银行业金融机构资质的前提下,通过“e 租宝”“芝麻金融”两家互联网金融平台发布虚假的融资租赁债权项目及个人债权项目,包装成若干理财产品进行销售,并以承诺还本付息为诱饵对社会公开宣传,向社会公众非法吸纳巨额资金。

P2P 网络借贷平台,是伴随着互联网和民间借贷而发展起来的一种新型金融模式。P2P 小额借贷将小额度资金聚集后借贷给有资金需求的人群,主要社会价值体现在满足个人资金需求、提高闲散资金利用率、解决小微企业贷款难及融资难的问题。2012 年国内引入 P2P,随后很快就进入野蛮生长期,一些 P2P 网贷企业变相高息揽储,“拆东墙补西墙”,甚至虚构项目以高息为诱饵吸收资金后卷款潜逃,陷入“庞氏骗局”。从 2014 年开始,P2P 企业倒闭、跑路现象愈演愈烈,集资诈骗活动随之猖獗。对于这类案件,如何在其与真正的 P2P 之间进行有效区分是重中之重。

(四)以“区块链”概念进行非法集资

【案例 4】2018 年 5 月,深圳南山警方通报了一起以发行虚拟货币为名、行诈骗之实的集资诈骗案,涉案虚拟货币为“普银币”,由深圳浦银区块链集团有限公司通过其官网和收购的“趣钱网”P2P 平台发行。据警方通报,目前“普银币”受害者超 3000 人,涉案金额约 3.07 亿元。

上列案例中,普银集团通过“趣钱网”等互联网平台,对外宣布其拥有大批普洱茶,同时通过聘请无鉴定资质的公司对该批茶叶抽样进行“参考评估”,评估其价值达 10 亿元。通过资产数字化,普银集团创立了“普银币”,投资者投资的普银币可放在数字资产交易平台——聚币网上进行交易,其价格变动并非受市场影响,而是由该公司派员适用投资款进行操盘。当大量投资人进场之后,该公司通过恶意操纵普银币价格走势,不断套现,导致投资人手中的普银币毫无价值,损失惨重。2017 年 9 月,央行就联合七部委发布公告,将 ICO(区块链项目首次发行代币行为)定性为“一种未经批准的非法公开融资行为”,同时规定“任何组织和个人不得非法从事代币发行融资活动”。根据上述规定,所有以区块链为名进行融资的创新项目,都可能涉嫌非法集资犯罪。

二、当前《刑法》对商业运营模式的规制现状

(一)刑法规制的逻辑前提

基于“金融抑制”的传统思维,我国《刑法》上对于金融犯罪罪名的设置在一定程度上对新兴的互联网金融的发展起到了抑制作用,因此部分学者主张非法吸收公众存款罪的去罪化。① 但是,当前非法吸收公众存款罪、集资诈骗罪以及其他金融犯罪仍有存在的必

① 参见刘新民:《非法吸收公众存款罪去罪论》,载《江苏社会科学》2012 年第 3 期。

要性。正如德国学者耶塞克所言,经济刑法的范围与规模取决于经济状况。[①] 经过几十余年的经济高速发展,我国市场经济已经发展得较为健全,但这并不意味着国家不需要对经济进行适度干预。尤其是2018年以来,紧信用和严监管已经成为国家金融领域的主旋律,P2P等新兴商业运营模式不断爆雷,互联网金融泡沫被不断压缩。金融市场需要安全与效率两个价值之间的共生和平衡,而不应顾此失彼。[②]

(二)刑法规制的法理检视

从实践来看,创新商业运营模式往往都是与互联网相结合,即使是"爱福家"项目这种传统商业运营模式,也是通过建立微信群、QQ群等进行宣传。因此,其融资信息和融资对象均具有公开性和不特定性。而非法集资类犯罪的典型特征之一就是面向社会不特定对象进行公开宣传。因此,金融领域的创新运营模式与《刑法》中非法集资类犯罪的构成要件高度契合。

首先,创新商业运营模式更符合向社会不特定公众吸收资金、公开宣传的特征。《最高人民法院关于审理非法集资刑事案件具体应用法律若干问题的解释》(以下简称《非法集资司法解释》)第1条第1款规定同时具备以下四个条件的属于《刑法》规定的"非法吸收公众存款或者变相吸收公众存款",即"(一)未经有关部门依法批准或者借用合法经营的形式吸收资金;(二)通过媒体、推介会、传单、手机短信等途径向社会公开宣传;(三)承诺在一定期限内以货币、实物、股权等方式还本付息或者给付报酬的;(四)向社会公众即社会不特定对象吸收资金"。从这四个条件(特别是其中第二个和第四个条件)来看,创新商业运营模式的特征就是借助于媒体向社会公开宣传,面向的借贷对象必然是不特定社会公众。按照现行法律,面向互联网平台的互联网金融活动涉嫌非法吸收公众存款罪具有天然的契合性。[③]

其次,创新商业运营模式更容易达到犯罪构成的罪量门槛。《非法集资司法解释》第3条第2项规定,个人非法吸收公众存款或者变相吸收公众存款对象30人以上的,单位非法吸收或者变相吸收公众存款对象150人以上的,应当承担刑事责任。该规定以人数确定了非法吸收公众存款罪的入罪标准。商业运营模式往往投资门槛较低,灵活性较大,基本上是草根式、聚沙成塔式的发展。借助网络,其借贷人数更容易达到非法集资类犯罪的人数罪量标准。

最后,创新商业运营模式更容易构成共同犯罪。由于需要借助于网络平台,需要技术、资金等多方面的协作,组织、参与创新商业运营模式的人员很容易构成共同犯罪。最高人民法院、最高人民检察院、公安部印发的《关于办理非法集资刑事案件适用法律若干

---

① 参见王世洲:《德国经济犯罪与经济刑法研究》,北京大学出版社1999年版,第27页。

② 参见冯果、袁康:《社会变迁视野下金融法理论与实践》,北京大学出版社2013年版,第15页。

③ 参见丁国峰:《论互联网金融创新的法律保障机制》,载《江淮论坛》2015年第6期。

问题的意见》第4条明确规定,为他人向社会公众非法吸收资金提供帮助,从中收取代理费、好处费、返点费、佣金、提成等费用,构成非法集资共同犯罪的,应当依法追究刑事责任。

(三)刑法规制的困境

1. 刑法规制的作用被夸大。正是由于商业运营体系存在缺陷才催生了非法集资,原因有两个:一是以中小型企业为主体的民营经济具有旺盛的融资需求。中小企业要与国有企业竞争并取得生存和发展之机会,就必须改进技术、扩大投资,故资金是这些企业的生命线。二是我国目前的商业运营体系严重限制了以中小企业为主的民营企业从正规渠道融资。根据全国工商联的调研结果显示,我国90%以上的民营企业无法从银行获得贷款,微型企业的融资状态更为窘迫。①

另外,非法集资活动离不开集资参与人的参与。在投资"高额回报,见效快""钱生钱,利滚利"等诸多利诱之下,集资参与人贪图以投机方式获取高额回报的心理就愈发膨胀,将理性投资意识抛诸脑后。就此而言,我们理应根据被害人自身存在过错来减轻对行为人主观恶性和人身危险性的负面评价,不能陷入客观归罪的泥沼。

日本刑法学者平野龙一也指出:"即使刑法侵害或威胁了他人的生活利益,也不是必须直接动用刑法。可能的话,采取其他社会统制手段才是理想的。可以说,只有在其他社会统制手段不充分时,或者其他社会统制手段(如私刑)过于强烈、有代之以刑罚的必要时,才可以动用刑法。这叫刑法的补充性或者谦抑性。"②近几年来,我国非法集资类案件的数量、涉案金额、参与集资人数的增长幅度都在2倍以上,以笔者所在单位为例,2017年办理非法集资类案件16件30人;2018年办理非法集资类案件达27件63人。由此可见,在《刑法》的严厉打击下,非法集资类犯罪并未呈下降趋势,相反案件数量、涉案人数、金额均呈爆炸式增长。故单纯依赖《刑法》对非法集资行为进行规制并非良策,更需要以金融融合、金融鼓励的思维去处理非法集资类问题。

2. "数额或人数"定罪量刑标准存在僵化问题。非法集资类犯罪采用"数额或人数"的定罪量刑标准源自于我国的定罪模式。我国《刑法》犯罪概念是定性和定量相结合,反映我国《刑法》以结果为价值基础,而结果本位注重行为造成的可计量的客观实害结果。③我国《刑法》非法吸收存款罪、集资诈骗罪均规定了数额和情节的定罪量刑标准,再由司法解释从吸收存款金额、造成的经济损失或吸收存款对象的数量等方面具体规定"数额""情节"的标准,这样的定罪模式存在僵化问题。

犯罪处罚标准的设定,不应考量单一因素,应当考虑数额、主体、行为方式、手段等多种因素。刚性的定罪量刑标准固然有利于司法操作,但随着经济社会的发展,如果对于

① 参见《长三角》编辑部:《维护金融秩序　重在正本清源》,载《长三角》2011年第9期。

② 转引自陈兴良:《刑法谦抑的价值蕴含》,载《现代法学》2006年第3期。

③ 参见储槐植:《我国刑法中犯罪概念的定量因素》,载《法学研究》1998年第2期。

非法集资类犯罪仍是以吸收存款的金额或人数来认定犯罪,在有的案件中就难以反映该罪的社会危害性,最终的裁判结果也就有可能难以做到罪责刑相适应。

三、以 P2P 网络借贷为例的刑事处罚边界和标准

(一)实质标准:是中介机构还是非法金融机构

如 P2P 网贷平台在性质上到底是金融机构、中介机构抑或担保机构,在理论界一直存在争议。笔者认为,在我国现阶段,P2P 网贷平台在性质上只能是中介服务机构,逾越这一实质界限将涉嫌违法犯罪。

首先,从现有法律框架来看,P2P 网贷平台的性质只能是中介机构。相关法律法规均规定,金融机构的设立实行严格依法批准制度,[①]这是保证金融安全、防范金融风险和保障存款人、投资人利益以及社会稳定的基本要求。

其次,从 P2P 网贷的原始含义来看,其本质也是一种中介平台。中国人民银行、工信部等十部门联合发布的《关于促进互联网金融健康发展的指导意见》明确指出,“个体网络借贷要坚持平台功能,为投资方和融资方提供信息交互、撮合、资信评估等中介服务。个体网络借贷机构要明确信息中介性质,主要为借贷双方的直接借贷提供信息服务,不得提供增信服务,不得非法集资。”该指导意见实际已对 P2P 网络借贷的中介机构性质进行了界定。

根据上述界定,对于 P2P 网贷平台的实质认定标准在于判断其是单纯的中介机构还是变相的金融机构。中介机构的功能仅限为出借方和借贷方提供信息、咨询等中介服务,收取相应的服务费。如果超出中介服务的范畴,而变相吸收存款,装扮成“小银行”“网上银行”,则在实质上已经违法,可能涉嫌非法集资犯罪。

(二)形式标准:单纯提供中介服务还是变相吸收资金

这里的形式标准与前述实质标准互为表里。中介机构的实质特征往往通过客观行为表现,只要用相关的证据来证明这些表现形式的行为特征,结合实质标准综合判定即可准确定案。

非法的 P2P 网贷平台在形式上主要表现为:(1)直接或间接接受、出借资金,通过绑定银行账户、指定专用账户等接受资金。(2)建立资金池,通过将借款需求设计成理财产品出售给放贷人,或者通过先归集资金、再寻找借款对象等方式,使放贷人资金进入平台账户,产生资金池。(3)以高息回报、提供担保为诱饵,向非实名制注册的不特定社会公

---

① 《商业银行法》第 11 条规定,“设立商业银行,应当经国务院银行业监督管理机构审查批准。未经国务院银行业监督管理机构批准,任何单位和个人不得从事吸收公众存款等商业银行业务。”国务院《非法金融机构和非法金融业务活动取缔办法》第 4 条规定,“本办法所称非法金融业务活动,是指未经中国人民银行批准,擅自从事的下列活动:(一)非法吸收公众存款或者变相吸收公众存款;(二)未经依法批准,以任何名义向社会不特定对象进行的非法集资;(三)非法发放贷款、办理结算、票据贴现、资金拆借、信托投资、金融租赁、融资担保、外汇买卖……”

众宣传或推介融资项目,承诺还本付息;向不特定多数人募集资金,用于投资房地产、股票、债券、期货甚至放高利贷,借旧还新,拆东墙补西墙。

合法的 P2P 网贷平台在形式上主要表现为:(1)根据借款人的委托要求将借款标公布在平台上,为借款人的资金需求提供宣传并寻找出借人,再由出借人根据投资需求浏览平台选择投资对象,从而促成双方交易完成;(2)为出借人与借款人提供直接借贷信息的采集整理、甄别筛选、网上发布,以及资信评估、借贷撮合、融资咨询、在线争议解决等服务;(3)对出借人与借款人的资格条件,信息的真实性,融资项目的真实性、合法性进行必要审核;(4)P2P 网络借贷平台是在不经手资金的前提下,为投资人和借款人提供订立合同的机会并促成合同签订,从借款标额度中收取一定比例的服务费用。

四、刑事政策对法律实施与完善的要求

宽严相济是我国的基本刑事政策,一方面要严厉打击社会危害性严重的金融犯罪行为,另一方面要精准打击金融犯罪活动,仔细甄别罪与非罪。当前中国经济已进入新常态,刑事政策对《刑法》实施和立法完善提出了新要求。

(一)刑法介入的必要标准

金融创新的目的在于寻求新的金融模式和载体,构建新的金融发展秩序。但是从刑法的功能特点来看,其介入并非一定利于新秩序的建立。在金融创新活跃时期,若刑法对金融违法行为介入得过于靠前,不利于金融市场监管体系的形成和成熟。因此,刑法介入金融创新风险的限度只能是行为对法益具有严重的危害性。在对社会危害性考察时,应选择中立的价值观和主客观相统一的立场,坚持全面性、具体性、变动性的考察原则。在路径选择上,可以从行为、行为人、被害人、民意四个方面进行综合考察。对于单纯的金融创新风险,刑法则应当明确将其排除在外,对于经过生活经验、科学因果法则确定的具有处罚必要性的风险行为加以规制。

(二)刑法规制的具体路径

非法集资类犯罪难题在于如何划清民间借贷与非法集资类犯罪的界限,这与缺乏立法的引导与规范有密切关系。针对当前刑法对商业运营模式创新的规制现状,笔者有以下几点建议:

1. 明确司法解释中免予刑事处罚和不作为犯罪的事由。我国《刑法》第 13 条但书规定,情节显著轻微危害不大的,不认为是犯罪;该法第 37 条前段规定,对犯罪情节轻微不需要判处刑罚的,可以免予刑事处罚。这为司法机关确定具体的出罪和免刑标准提供了法律依据。由于《非法集资司法解释》第 3 条重申了我国《刑法》第 13 条、第 37 条的规定,属于提示性规定,故对非法集资类犯罪的入罪和判刑要谨慎。不过,依据罪刑法定原则,但书规定的模糊性导致该规定在具体的司法实践中的出罪效果并不明显,需要进一步明确,哪些行为属于情节显著轻微,哪些吸收利用资金行为属于主要用于生产经营。

如给借贷人造成的经济损失不大,集资人有还款能力的,并且与被害人积极达成还款协议取得谅解的,可以作为免责事由。

2. 建立"数额+情节"的综合性定罪量刑标准。可以借鉴《刑法修正案(九)》中的贪污贿赂犯罪采用的"数额+情节"的定罪量刑标准。一方面,应将非法集资的目的分为企业经营和资本运营两种。对于企业经营,吸收的存款主要用于企业实体生产经营或者投资到国家鼓励性行业的,不应认定为犯罪,应属行政监管的范围。对于资本经营,只有恶意扰乱金融秩序并造成较大经济损失的才能入罪,即只有当行为人非法吸收公众存款用于货币、资本经营(如发放贷款)时,才能认定为扰乱金融秩序,才应以犯罪论处。① 另一方面,应考虑未能归还的金额占吸收存款总额中的比例。如行为人已返还大部分投资款金额,仅仅一小部分未返还,未还部分占吸收存款比例较小,吸收的存款主要用于企业的生产经营和还贷,显然社会危害性较小。

3. 对"资金池"的认定要慎重。专门从事P2P网贷平台中介服务的,应该将借贷信息交换与资金交易职能分开配置。但在实践中,为了更好地连接借款者的资金需求和投资者的理财需求,借贷平台会主动批量化开展业务,而不是被动等待借款者与投资者匹配,即不可避免地存在金额错配和期限错配的问题。② 这就导致借款者的资金容易在平台中形成资金池,造成变相吸收公众存款和违规发放贷款,从而行使了金融机构的融资放贷职能。故需对超范围经营及形成的资金池的法律性质进行谨慎判断,对处于边缘性的、可认可不认的,可以考虑不认定为资金池。

4. 缩小共同犯罪认定范围。我国《刑法》第27条第2款规定,"对于从犯,应当从轻、减轻或者免除处罚"。实务中,非法集资类犯罪案件中,组织架构内的管理人员、公司的普通员工也会被作为共同犯罪判处刑罚。如果将大量的普通员工认定为从犯并且处以刑罚,就违反了"宽严相济"刑事政策。将大量的普通员工认定为犯罪就是典型的刑法过度介入互联网金融的表现,这会挤压金融行业的正常发展空间。因此,在非法集资类犯罪审理中,应尽量缩小犯罪的处罚范围,保持司法克制。

---

① 参见张明楷:《刑法学》,法律出版社2016年版,第780页。

② 参见李均:《P2P借贷:性质、风险与监管》,载《金融发展评论》2013年第3期。

第三方支付平台下盗骗交织犯罪若干问题研究

——以S市实例为展开

杨诗文*

摘要:实践中,对利用第三方支付平台实施诈骗犯罪的行为如何定性存在较大分歧。根据第三方支付的本质,应当认为第三方支付平台的资金是客户暂存在平台内的资金,平台无权处理。第三方支付平台也不能成为被骗的对象。对于冒用他人身份通过第三方支付平台骗取他人钱款的,应当根据行为特征,正确区分诈骗和盗窃。

关键词:第三方支付　盗窃　诈骗　信用卡诈骗

近年来,随着互联网金融的蓬勃发展,第三方支付平台发展迅速。实践中,利用第三方支付平台实施诈骗类犯罪的案件日益增多,关于此类案件的定性争议主要集中在盗窃、诈骗和信用卡诈骗三类罪名。2013—2017年,S市共受理利用第三方支付平台实施侵财类犯罪的案件217件272人。① 其中,盗窃案件155件164人(其中2件起诉时改变罪名为信用卡诈骗)、诈骗案件38件48人、信用卡诈骗案件11件11人。② 2013年,全市受理此类案件数仅为2件2人,这一数字2016年达到了56件73人,2017年则达到了130件163人。可见,随着第三方支付平台的普及,案件数量呈快速增长。基于此,本文将结合S市近年来第三方支付平台下盗窃和诈骗交织案例,对若干争议问题进行研讨。

---

* 杨诗文,江苏省苏州市人民检察院公诉一处检察员。

① 本文相关案件数据来源于S市检察院统计资料。

② 涉及第三方支付平台的侵财类案件还有抢劫罪、职务侵占罪等罪名,因这几类罪名与诈骗罪不易引起混淆,不是本文研究的重点,故在此不再罗列。

一、第三方支付概述

(一)第三方支付的概念

第三方支付中的“第三方”,系独立于买卖双方提供支付服务的主体。2010 年 6 月,中国人民银行出台了《非金融机构支付服务管理办法》(以下简称《办法》),其第 2 条规定,非金融机构支付服务包括“网络支付、预付卡的发行与受理、银行卡收单、中国人民银行确定的其他支付服务”。上述内容被学界称为广义上的第三方支付概念。[①] 但日常生活中,第三方支付服务往往仅指网络支付。理论界也多以网络支付来界定第三方支付,即“和产品所在国家以及国外各大银行签约、并具备一定实力和信誉保障的第三方独立机构提供的交易支持平台”。[②] 实践中,第三方支付模式又分为以首易信平台为代表的支付网关模式[③]和以支付宝平台为代表的担保型支付模式。本文的研究方向主要为担保型第三方支付模式,也即交易时资金暂存于第三方支付平台的交易方式。

(二)第三方支付法律规制

1.行政规制。2000 年左右,我国就出现了第三方支付平台的萌芽。2005 年 10 月,中国人民银行正式出台了《第三方支付索引》,2010 年,中国人民银行下发了《办法》及其细则。《办法》第 3 条第 1 款明确了“非金融机构提供支付服务,应当依据本办法规定取得《支付业务许可证》,成为支付机构”。业内将该许可证称为第三方支付牌照。2011 年 5 月,中国人民银行正式下发第一批第三方支付牌照,标志着央行正式将第三方支付平台纳入监管范畴。从上述规定可以看出,第三方支付平台属于非金融机构。因此,虽然第三方支付平台的功能与金融机构具有趋同性,但其性质决定了在认定犯罪时必须将其与涉金融机构的犯罪予以区分。

近年来,随着第三方支付平台的蓬勃发展,其所引发的资金风险日益显现。国家关于第三方支付平台的管理更趋完善。2015 年,国务院出台《关于实施银行卡清算机构准入管理的决定》,2016 年,中国支付清算协会制定了《非银行支付机构自律管理评价实施办法(试行)》,并下发各家第三方支付机构,第三方支付的分级监管落地。[④] 2017 年,中国人民银行支付结算司出台《关于将非银行支付机构网络支付业务由直连模式迁移至网联平台处理的通知》(以下简称《通知》),要求第三方支付平台受理的涉及银行账户的网络支付业务全部通过网联平台处理,各大平台应逐步实现业务转移。该规定实际上是为了打破第三方支付平台沉淀资金多,难于监管的现状,也体现了我国有关部门强化第三

---

① 参见秦新承:《支付方式的演变对诈骗犯罪的影响研究》,华东政法大学 2012 年博士学位论文,来源:中国知网。

② 梁文彧:《第三方支付现状分析与发展研究》,载《信息网络安全》2011 年第 8 期。

③ 支付网关模式是指“一些具有较强银行接口技术的第三方支付机构以中介形式分别连接商家和银行,从而帮助商家和消费者在网络交易支付过程中跳转到各家银行的网银接口”。参见王兆峰:《支付的变迁:中国电子支付三十年简史》,载《互联网经济》2016 年第 5 期。

④ 参见王兆峰:《支付的变迁:中国电子支付三十年简史》,载《互联网经济》2016 年第 5 期。

方支付平台监管的决心。

2. 刑事规制。尽管利用第三方支付平台实施盗窃、诈骗犯罪的案件日渐增多，但关于此类案件的明确规定并不多。实践中，办理此类案件应用较多的还是传统的诈骗司法解释，包括 2009 年最高人民法院、最高人民检察院《关于办理妨害信用卡管理刑事案件具体应用法律若干问题的解释》（以下简称《信用卡解释》）、2011 年最高人民法院、最高人民检察院《关于办理诈骗刑事案件具体应用法律若干问题的解释》。

二、利用第三方支付平台实施诈骗的特点

（一）单向交流性导致犯罪成本低、侦查困难

网络交易与传统的交易模式不同，交易双方往往不会见面，导致被害方难以直接审核对方的身份，这也是钓鱼网站、冒充身份等方式实施诈骗犯罪案件频发的重要原因。此类诈骗行为往往犯罪成本较低，且由于网络活动的特殊性，导致侦查困难。

（二）服务内容日益增多导致犯罪形态越发复杂

随着第三方支付平台的发展，平台的服务内容也根据市场需求不断完善。早期的支付平台多提供资金担保服务，近年来支付平台逐步提供缴费、借贷、转账、保险、咨询等多方面的服务内容，服务内容的丰富导致实践中的犯罪形态也愈发复杂。如行为人获取被害人支付宝账户后，可以同时使用被害人账户进行转账、话费充值、向支付宝借贷、购买保险等多项侵财行为，由此也引发不同行为方式如何定性的争议。

（三）交易效率与交易安全的矛盾日益明显

为顺应交易便捷的需求，第三方支付平台提供诸如“快捷支付”“小额免密支付”等功能，大大提高了交易效率。但同时，过分追求交易效率带来了较大的安全隐患，主要包括：一是免密支付方式导致平台用户资金缺乏必要保护；二是平台交易过程复杂，但专业监管不足。在复杂的交易模式下，银行、平台等专业机构的监管职能并不如传统交易模式到位。① 平台用户的资金保护往往依靠用户自身的安全意识。如平台用户在完成银行卡的首次绑定之后，此后的交易行为就不需要银行再次进行身份验证，仅需提供平台支付密码即可。而平台支付密码的更改往往通过平台用户的手机即可完成，不需要详细的身份验证，这就给了很多犯罪分子以可乘之机。

（四）手机成为犯罪的主要媒介

近年来，随着智能手机的日益普及，手机支付成为网络支付的重要形式。实践中，通过借打手机、窃取手机、拾得手机、向手机发送木马病毒等实施犯罪的行为日益增多。据

---

① 传统支付方式下专业机构的监管职责，如“金融票证支付在交易双方之外增加了一个贴现或承兑金融票证的银行等金融机构，但由于银行审查的专业性，不熟悉票据业务、没有银行内线的普通主体很难通过银行这一环节实施票据诈骗”。参见秦新承：《支付方式的演变对诈骗犯罪的影响研究》，华东政法大学 2012 年博士学位论文，来源：中国知网。

统计,2013 年至 2017 年,S 市共处理利用第三方支付平台实施的侵财类案件 217 件 272 人,其中利用手机实施犯罪的 159 件 178 人,手机已成为第三方支付平台下侵财类犯罪的主要媒介。

三、第三方支付平台下盗骗交织犯罪常见问题辨析

(一)明确第三方支付平台的性质是处理此类案件的前提

近年来,第三方支付平台的功能不断多样化,其功能从最早的支付、缴费功能逐步扩展到借贷、保险、股票(基金)等多个领域,平台功能与金融机构日益趋同。实践中关于此类案件的争议多源自于第三方支付平台非金融机构参与金融市场行为的性质。因此,明确第三方支付平台的性质能够帮助我们进一步明确处理此类案件的标准。

1. 第三方支付平台不是信用卡的发卡主体。有学者认为,虽然我国行政法规明确第三方支付平台为非金融机构,但第三方支付平台的支付方式仍然可以视为信用卡支付方式。理由在于:第一,金融法规与刑法规范的目的不同,决定了金融法规与《刑法》对同一概念的理解可以不同。第二,第三方支付方式与信用卡支付方式在使用方式与功能上具有统一性。第三,信用卡虚拟化是大势所趋。① 笔者认为,将第三方支付方式等同于信用卡支付方式并不合理,理由在于:

(1)我国刑事立法明确规定信用卡的发卡单位只能是金融机构。金融法规与《刑法》规范可能在立法目的和概念表述上存在差异,但对于信用卡这一概念,我国法律有着明确的规定。2004 年第十届全国人民代表大会常务委员会第十三次会议通过的《关于〈中华人民共和国刑法〉有关信用卡规定的解释》中规定,刑法规定的"信用卡",是指由商业银行或者其他金融机构发行的具有消费支付、信用贷款、转账结算、存取现金等全部功能或者部分功能的电子支付卡。此处的金融机构只能是行政法律法规所规定的金融机构,否则会造成信用卡外延的不断扩张,那么规定发行主体就没有了任何价值。2009 年中国人民银行印发《金融机构编码规范》,明确了我国现有金融机构的类型,其中并不包括第三方支付平台,也就是说,第三方支付平台并不能成为信用卡的发卡机构。

(2)第三方支付平台内的资金属性与信用卡有着本质的不同。各国对金融机构都有着严格的市场准入与监管制度,现行第三方支付平台仍不能实现与银行等金融机构同等的准入与监管制度,贸然将第三方支付平台完全视为金融机构会给消费者资金带来巨大的安全隐患。以资金来源为例,第三方支付平台的资金一般来自于客户网络活动中产生的资金(如担保买卖的在途资金、退货产生的退货款、红包资金等),有部分资金虽然从客户绑定银行卡中划出,但从实践交易中来看有很多流入了平台账户。因此,第三方支付平台的资金来源完全不同于信用卡,在用户资金的管理使用上也与金融机构有着本质的

① 参见刘宪权:《论新型支付方式下网络侵财犯罪的定性》,载《法学评论》2017 年第 5 期。

区别。理论上来讲,第三方支付平台不可擅自动用用户资金,但平台资金具有封闭性,其资金管理必然成为监管难点。因此,我国才出台了上文提到的《通知》。美国相关法律也明确规定,最大的第三方支付平台 PayPal“不实际操作或者持有用户账户中的资金”,不具备银行的特征。① 从这个角度来讲,将第三方支付平台视为信用卡发卡机构,等于允许第三方支付平台在缺乏监管的条件下动用平台资金其所带来的安全问题不言而喻。因此笔者认为,第三方支付平台内的资金应视为客户暂存于平台内的资金,平台并无权处分,客户使用平台内的资金并不等同于使用信用卡。需要注意的是,虽然认为第三方支付平台对客户平台资金无处分权,但由于客户资金暂存于第三方支付平台,第三方支付平台对其仍有一定的占有权。这是因为,客户钱款放在第三方支付平台内,其使用资金、取款等行为都需要一定的认证(如密码、指纹等)。因此,虽然事实上钱款的所有权归属于客户,但在资金存放期间,平台依旧对客户资金具有占有权。

2. 第三方支付平台与金融机构合作从事相关业务的定性。近年来,第三方支付平台逐步与金融机构合作,形成金融机构、第三方支付平台、消费者三方之间的关系。此类活动的性质与直接使用第三方支付平台内的资金有所不同。以支付宝的“蚂蚁借呗”为例,“蚂蚁借呗”的资金来自于小额贷款公司,②小额贷款公司是典型的从事货币金融服务的公司,属于金融机构。因此,如果利用他人支付宝平台申请蚂蚁借呗,使得小额贷款公司错误发放贷款的,一般应当认为是金融诈骗类犯罪。

(二)第三方支付平台下“冒用身份”的理解

常见的“冒用他人身份”犯罪在传统诈骗犯罪中不难理解,但在以第三方支付平台实施的犯罪中具有相当的复杂性。我们先来看一个案例:

案例一:被告人师某某盗窃案

基本案情:2016 年 4 月 6 日、7 日,被告人师某某利用借打被害人顾某某手机之际,将被害人手机支付宝内的 3200 元钱转到其自己的支付宝账户内;将被害人手机支付宝绑定的银行卡中的 800 元钱转至被害人支付宝账户中后,再转到其自己的支付宝账户内;将被害人手机支付宝绑定的银行卡中的 200 元钱转至被害人支付宝账户中后,再转到其自己的支付宝账户内,后又将被害人手机微信零钱钱包内的 150 元钱以发红包的手段转到其自己的手机微信账户内。

本案公诉机关以盗窃罪提起公诉,一审法院经审理后认为,被告人师某某实施的第一笔犯罪系盗窃,而被告人师某某先后两次将被害人手机支付宝绑定的银行卡中的 800 元及 200 元转走的行为侵害的法益系刑法保护的信用卡管理秩序,宜定性为信用卡诈骗,鉴于其数额未达到追诉标准,故对上述犯罪指控不予认定。

---

① 参见万志尧:《互联网金融犯罪问题研究》,华东政法大学 2016 年博士学位论文,来源:中国知网。

② 根据协议内容,消费贷款是向小贷公司申请。

本案系争议较大的案件。笔者认为,全案均可认定为盗窃罪。根据诈骗类犯罪的基本含义,冒用本身不仅仅指非持卡人以持卡人名义使用信用卡,同时也“必须是欺骗他人使之陷入处分财产的认识错误的行为”。而根据支付宝与各银行的快捷支付协议,持卡人仅需要在首次开通支付宝快捷支付业务时提供持卡人姓名、申请签约账户号、手机动态验证密码及其他银行账户或卡面相关信息进行验证。开通业务后,持卡人即同意使用绑定支付宝账户的支付密码或手机验证码进行网上支付交易,即支付宝所绑定的银行卡在完成首次身份验证后,之后的消费就不需要再进行身份验证。被害人顾某某的支付宝账户此前已与银行卡完成绑定,被告人师某某更改支付宝的支付密码的行为并不能让银行再次进行身份验证,并没有使银行陷入错误的认识而交付财物,违背了诈骗类犯罪的基本要求,不能构成信用卡诈骗罪。

实践中,此类行为极易与《信用卡解释》第5条第2款第(三)项所规定的“窃取、收买、骗取或者以其他非法方法获取他人信用卡信息资料,并通过互联网、通讯终端等使用的”冒用行为相混淆,其区分的关键点还是在于冒用行为有无使人陷入错误认识。我们再看一个第三方支付平台下的信用卡诈骗案件:

案例二:被告人关某信用卡诈骗案

基本案情:被告人关某于2016年3月下旬的一天,趁被害人(系被告人关某的姐姐)不备,偷偷记录下被害人的中国工商银行银行卡、中国农业银行银行卡卡号及手机上收到的验证码、被害人的身份证号码等信息,将上述两张银行卡绑定在其本人控制的支付宝账户。2016年3月下旬至4月初,被告人关某利用上述两张银行卡给支付宝账户余额充值人民币13400元,并通过支付宝转账的方式将上述款项提现。

本案公诉机关以信用卡诈骗罪提起公诉,一审法院予以支持,以信用卡诈骗罪判处关某有期徒刑一年三个月,并处罚金人民币二万元。

本案中,关某利用自己所掌握的被害人身份信息,使得银行在身份验证过程中产生错误认识,从而获取了被害人银行卡内的资金。本案与前一个案例的区别就在于银行在关某的行为中陷入了错误的认识,因此本案是典型的信用卡诈骗案件。

(三)第三方支付平台不能成为被骗对象

实践中,行为人为获取第三方支付平台密码所实施的手段多种多样,如使用被害人手机发送信息更改支付密码、拨打客服电话更改支付密码、多次尝试更改支付密码等。对行为人更改被害人支付密码后所实施的犯罪是定性为盗窃类犯罪还是定性为诈骗类犯罪也存在分歧。为正确理解此类案件的定性,我们再看一个案例:

案例三:被告人刘某某盗窃案

基本案情:2015年10月15日16时许,被告人刘某某在苏州工业园区某商城陪同其朋友被害人方某某逛街买衣服时,使用被害人方某某的手机登录支付宝,并采用反复尝试支付宝支付密码的方式,从被害人方某某支付宝绑定的工商银行卡中转账人民币

50000 元到其农业银行账户中。

本案公诉机关以诈骗罪提起公诉，一审法院改判盗窃罪，判处被告人刘某某罚金人民币三千元。

我们认为，一审法院判决正确。从内容上看，第三方支付平台是“电子商务中的买卖交易双方提供一个货款交付的中转站”，[①]是一个功能载体。因此，第三方支付平台与传统的金融服务机构有着本质的区别。“第三方网上支付通过电子数据进行传输，取代票据转让等物理实体，以数字化的方式进行支付完成交易，并且通过开放的系统平台，让数据在不同计算机系统间流动”。[②] 换言之，第三方支付平台由程序性内容组成，其本身不可能陷入错误认识，不具有被骗的属性。

因为在第三方支付平台下，只要行为人符合操作要求、输入正确的支付密码，即可完成支付、转账等行为；反之，如果不符合操作要求、输入错误的支付密码，即使是平台账户持有人本人，也不可能完成支付、转账等行为。即第三方支付平台遵循的是程序性规则，其并不会对既定程序外的内容再次审核，也不会陷入错误认识。因此，第三方支付平台并不能被骗，行为人尝试更改密码、利用短信更改密码的行为并不构成诈骗罪。

需要注意的是，拨打客服电话更改密码的行为具有一定的特殊性。虽然平台不能被骗，但是平台的服务人员能够成为被骗的对象。如前所述，由于平台对客户资金具有一定的占有权，客服经审查后允许更改密码从而完成财产转移的，应当认为是典型的三角诈骗，构成诈骗罪。

---

① 张春燕：《第三方支付平台沉淀资金及利息之法律权属初探——以支付宝为样本》，载《河北法学》2011 年第 2 期。

② 李瑞：《电子商务法》，北京大学出版社 2008 年版，第 96 页。

线下型非法吸收公众存款案中业务员主观明知的认定

周常春　王聚涛*

摘要：从司法实践来看，在线下型非法吸收公众存款案中证明行为人尤其是所处层级最低的业务员具有直接故意是困难的，被告人、辩护人往往以不具有主观明知为由开罪。证明业务员主观明知的难点和关键点在于行为人是否明知业务具有“非法性”和资金归集性。可以根据在案证据，从间接故意的角度，坚持“主客观相统一”原则，通过刑事推定来完成对主观明知的证明。

关键词：主观明知　主客观相统一　间接故意　刑事推定

近年来，随着P2P网络借贷业务的兴起，非法集资案件表现为线上和线下两种类型。两类案件在犯罪手段、行为特征等方面都有着诸多不同。与P2P网络借贷业务相比，线下型的非法吸收公众存款案件（以下简称非吸案件）往往表现为依托于某家公司，通过业务员大量在社会上发放传单、打电话、举办推介会等方式散播投资理财信息，以高额回报为诱饵，吸引投资人购买理财产品。它不借助于网络平台，仅仅以业务员散播投资信息、以投资人刷卡或交现金等方式来完成吸收资金的行为。而这类案件的投资人往往是中老年人，案发后更容易引发群体性上访事件，后果也更为严重。

在实践中，一个比较疑难的问题是如何证明非吸案件中的业务员①有罪。该类案件中的业务员是一个比较特殊的群体，其特殊性在于：与幕后“老板”以及公司高管不同，他们虽然人数众多，但都处于公司的最底层，没有决策权、管理权和话语权，只是按照上级

---

* 周常春，江苏省常州市天宁区人民检察院党组书记、检察长；王聚涛，江苏省常州市天宁区人民检察院刑检二部主任助理、检察员。

① 近几年，关于非吸案件的打击层级曾有着不同意见：有的认为，应将打击目标对准公司高层人员，不宜将业务员列为犯罪嫌疑人；有的则认为不应将业务员排除在打击范围之外，根据其地位和作用，凡是达到立案标准的，一律追究刑事责任。笔者所在地方，公、检、法三家持后一种观点，即业务员是非吸案件的打击对象，且占了犯罪嫌疑人数量的大头。

指令奉命行事,对公司经营范围以及是否有吸收公众存款的资质往往辩称“不知道”“不清楚”,主观认识因素不明显。但他们又是直接接触投资人、吸引投资人资金的重要一环,是共同犯罪中的实行犯。鉴于这种特殊性,证明他们构罪就面临着一些困扰。

有人认为,证明业务员的主观故意可采用客观推定的方式进行,即只要没有反证,一律推定业务员具有主观故意。笔者对这种观点不敢苟同。其不足之处在于:一是脱离了客观实际。从常情常理角度言之,业务员身处公司最底层,能够接触的信息量有限,这就决定了其对公司具体经营范围和具备何种资质并不一定能够当然知晓。且不说公司高层愿不愿意让其知道,就连他们自己是否有意识去关注这些也未可知。因此,不能否认确实存在不知道的情况。二是背离了主客观相统一原则,有客观归罪之嫌。行为人在客观层面实施了某种法益侵害行为,但其主观层面不一定有过错。三是将“应然”等同于“实然”。业务员开展业务时应当明知公司是否具备相关资质与在事实上其是否已经明知并不是一个概念。应当明知不等于其已经明知,已经明知是说对某种事实状态有了明确的认知,而应当明知则仅表明对这种事实状态仅有认知可能性。四是为案件质量埋下“隐患”。如果对主观故意的证明不加重视,不能有力、全面地完成主观明知的证明工作,则指控犯罪的基础就不牢固。

一、业务员主观明知的具体内容

根据《最高人民法院关于审理非法集资刑事案件具体应用法律若干问题的解释》(以下简称《解释》)第 1 条[①]的规定,明确非法吸收公众存款具有四个基本特征:非法性、公开性、利诱性和社会性。据此,我们可以将业务员“主观明知”的具体内容归纳为以下五个方面。

(一)明知公司所做业务超出经营范围

这是从“非法性”角度而言的,即明知所在单位未经有关部门依法批准或者借用合法经营的形式吸收资金。根据最高人民检察院《关于办理涉互联网金融犯罪案件有关问题座谈会纪要》(以下简称《纪要》)第 9 条规定:“原则上认定主观故意并不要求以明知法律的禁止性规定为要件。”据此,要求业务员明知其行为具有非法性,其实就演变成明知所做的“业务”不在公司经营范围内或者明知公司不具有投资理财的资质。鉴于非法吸收公众存款罪是一种法定犯,一般民众比如业务员,是很难了解《商业银行法》等金融管理法规中的禁止性规定的,因此要求他们知道该禁止性规定显然是强人所难。但要求他

① 该条第 1 款规定:“违反国家金融管理法律规定,向社会公众(包括单位和个人)吸收资金的行为,同时具备下列四个条件的,除刑法另有规定的以外,应当认定为刑法第一百七十六条规定的‘非法吸收公众存款或者变相吸收公众存款’:(一)未经有关部门依法批准或者借用合法经营的形式吸收资金;(二)通过媒体、推介会、传单、手机短信等途径向社会公开宣传;(三)承诺在一定期限内以货币、实物、股权等方式还本付息或者给付回报;(四)向社会公众即社会不特定对象吸收资金。”

们知道公司的经营范围以及是否具有从业某种资质则并未超出他们的认知能力,因此,《纪要》如此规定是合理的。[①] 如果业务员明知所做的“业务”超出了公司的经营范围,则自然可以得出这种业务肯定是未经批准和允许的这一上位结论,继而完成对其“非法性”主观明知的证明。

(二)明知所在单位进行公开宣传

这是从“公开性”角度而言的,即明知公司通过媒体、推介会、传单、手机短信等途径向社会公开宣传。当然,这只是《解释》例示性的规定,宣传途径并不以此为限,实践中常见的宣传途径还有标语、横幅、宣传册、宣传画、讲座、论坛、研讨会等形式。[②] 只要业务员能够供认其知道公司要求业务员通过各种方式向社会传播吸收资金的信息,同时对宣传手段不加限定即可。根据实践,证明此点亦非难事。

(三)明知公司对投资者做出回报承诺

这是从“利诱性”角度而言的。具体而言,则是明知公司向投资人承诺在一定期限内以货币、实物、股权等方式还本付息或者给付回报。利诱性特征包含有偿性和承诺性两个方面的内容:首先,非法集资是有偿集资,对于非经济领域的公益性集资,不宜纳入非法集资的范畴;其次,非法集资具有承诺性,即不是现时给付回报,而是承诺将来给付回报。[③] 一般情况下,作为吸引投资的关键手段,业务员对以上两点是明知的,否则相关业务就无从展开,业务员对此亦不会否认。需要注意的是,在不同案件中,所设计的回报方式和说辞是不同的,要能够透过繁乱之表象看到给付回报的本质。

(四)明知公司对投资对象不作限定

这是从“社会性”角度而言的,即向社会公众即社会不特定对象吸收资金。社会性是非法集资的本质特征,禁止非法集资的重要目的在于保护公众投资者的利益。社会性特征包含广泛性和不特定性两个层面的内容。[④] 换言之,即是明知公司没有明确限制吸引投资人的方式和投资人的范围。实践中,有些业务员只是向亲友、家人吸引投资,并未采用公开性手段,但只要其知道公司没有前面两个“限制”,就可以证明其对此是明知的,而不论其本人是否向不特定社会公众吸收资金。因为,对公司而言,业务员的所谓家人、亲友等特定对象也是社会公众这一不特定对象的一部分,二者是包含与被包含的关系。

---

① 有人认为,《纪要》第9条规定等同于默认了只要是参与非法吸收公众存款的人员,甚至没有实际参与非法吸收公众存款的行政人员、财务人员等,无论其有何种抗辩理由,均视为具备了非法吸收公众存款的故意,因此认为该规定有扩大打击面之嫌。笔者认为,这种担忧是不必的。因为不明知法律禁止性规定并不必然得出具有主观故意的结论,只是让非法性的证明标准变得更合理、更具可行性罢了。

② 参见刘为波:《〈关于审理非法集资刑事案件具体应用法律若干问题的解释〉的理解与适用》,载《人民司法》2011年第5期。

③ 参见刘为波:《〈关于审理非法集资刑事案件具体应用法律若干问题的解释〉的理解与适用》,载《人民司法》2011年第5期。

④ 参见刘为波:《〈关于审理非法集资刑事案件具体应用法律若干问题的解释〉的理解与适用》,载《人民司法》2011年第5期。

(五)明知投资人的资金被公司归集、沉淀[①]

要求业务员对此明知,是因为正是公司吸收资金的行为才侵犯了金融管理秩序,并致使投资人资金存在被挪用、侵占等重大风险。明知投资人的资金被公司归集、沉淀,即是明知投资人的资金是进入公司账户或者由公司管理支配。如果业务员不知道公司在归集、沉淀投资人的资金,也就相当于业务员不知道公司在吸收公众资金,那也就无法证明其对投资人资金被公司吸收具有主观明知。实践中,在公司打着 P2P 的幌子吸收资金的案件中,有的业务员会辩称不知道资金进入公司账户,而是如公司所宣称进入所谓"第三方平台",由该平台进行托管。要反驳此辩解,则要证明该所谓"第三方平台"的虚假性以及业务员具有认识这种虚假性的可能性。

二、业务员主观明知的证明路径

在本文所指的非吸案件中,根据业务员的供述,往往难以直接得出其主观明知的结论。当然,从实践来看,业务员对其所做业务具有社会性、利诱性和公开性一般不会否认。即便否认,也可以结合同案犯供述、投资人陈述以及宣传单等证据形成有效反驳。比较疑难的是关于吸收资金和非法性主观明知的证明,他们往往辩称"不清楚"或"不知道"。

(一)实践中遇到的情形

1. 关于资金是否流入公司账户。在笔者办理过的线下型非吸案件中,大部分业务员都能供述客户的资金是通过 POS 机刷卡的方式进入(总)公司账户。这种情况下,是可以直接得出其对公司吸收资金是主观明知的结论的。但是,较为麻烦的是以下两种情况:

第一种情况:知道客户是通过 POS 机刷卡的方式支付资金,但却不清楚 POS 机关联商户及对应账户。有的业务员会称其没有看过或者没有在意"刷卡小票"即 POS 机签购单上的内容。应该说,这种辩解是符合实际情况的,确实存在因疏忽而未留意 POS 机签购单上具体内容的可能。

第二种情况:公司对业务员宣称做 P2P 业务,业务员也以为资金进入"第三方平台",即从业务员角度看,可能存在由第三方托管资金的情况。公司老板或者高层管理人员肯定是清楚所谓"P2P""第三方平台"都不过是吸收资金的幌子,是逃避监管和处罚的手段,但业务员对此却未必清楚。

2. 关于公司是否超范围经营或者具有相关资质。如前所述,在这方面,办案人员要直接得出肯定的答案几乎是不可能的。有的侦查人员在讯问时,欲通过设定"××公司

---

① 严格来说,此点也属于"非法性"的范畴。但"非法性"侧重于吸收资金资质的有无,而此点则侧重于资金的去向,故有必要单独列出来阐述。

（指业务员所在公司）是否有银监会或者央行颁发或批准的吸收公众存款的资质”等问题来完成对业务员“非法性”主观明知的证明，似乎只要业务员作出“公司没有吸收公众存款的资质”等回答就完成了证明。

其实，这是办案人员的一厢情愿。即使从字面上看，侦查人员得到了预想的答案，依然不能作为证明的依据。因为这种讯问方式本身就存在问题，属于复合提问。复合提问的最大隐患在于，如果回答者给出一个简单的回答，那么它的答案可能只有部分正确，或者由于讯问语气、具体用词的不同，导致回答者领会到的意思也有误差。笔者在审查起诉阶段对业务员提审时，就有相当一部分人直接提出了质疑，认为侦查人员并未如实记录供述内容，且有诱供之嫌。该讯问之不当，还在于它暗含了业务员知道所做业务的性质是“吸收公众存款”。然而，他们多是以销售理财产品的名义吸引投资者投资的。但“投资理财”与“吸收公众存款”之间是一个认识渐进的过程，二者并不能简单等同。特别是在绝大部分业务员都缺少相关金融专业知识或从业经历的情况下，他们能否理解“吸收公众存款”的含义，值得怀疑。

还有人认为，只要业务员承认见过或看过营业执照，就推定其应当知道公司的经营范围，继而知道所做业务不在公司经营范围内，即具有了非法性的主观明知。这种观点犯了将“应然”等同于“实然”的错误，而且也不符合实际情况。实践来看，很少有业务员主动或者有意识地去关注、留意公司的营业执照，更不用说上面记载的经营范围了。正如大多数业务员所称：“我仅仅是个打工的。”因此，要求他们详细了解公司的经营范围，确属强人所难，亦违背常情常理。

实践中，还有一种更为极端的观点，认为业务员如果声称没有看过营业执照，反而说明其主观恶性更大。这种观点显然与常情相悖。

（二）一种可行的证明进路

犯罪故意终归是犯罪人的主观心理状态，无论法官还是其他司法人员不过是依据常理和客观事实来推断故意这一主观心态的有无。通过司法实践，已经形成一些推定规则，在认定犯罪故意的过程中具有重要意义。[①] 如果我们能够根据在案证据证明业务员对上述主观明知的态度，结合常情常理和逻辑法则就可以推定他们对非法吸收公众存款持无所谓的放任态度。如果能够达到这种证明程度，也就突破了直接故意的局限，从间接故意的向度得出他们具有犯罪故意的结论，进而完成主观明知的证明。

这种证明思路是可行的。理由在于：

一是符合间接故意的内涵特质。间接故意下，行为人对结果发生持放任的心态，即在意志因素上，对结果的发生持听之任之的态度，也即结果是否发生并不违背其意志。反映在客观行为上，持间接故意的行为人对危害后果的发生并不会采取避免措施，即对

① 参见周光权：《刑法各论精释》（上），人民法院出版社 2015 年版，第 324 页。

后果的发生投了弃权票。这一点不同于过于自信的过失，在此心态下，行为人往往会采取一定的避免措施，即对后果的发生投了反对票。如果业务员以公司看起来正规等为由来辩称不知道公司没有相应资质，但客观上又不采取任何措施去了解、查询，甚至分析业务之异常，则说明他对于公司事实上不具有相关资质是不持反对态度的，否则就会采取防范措施了。

二是符合生活经验法则。在线下型非吸案件中，正因为业务员所处层级较低，所以多做业务多拿提成就成为他们首要关心的问题，至于公司是否具有相应资质、业务是否超出经营范围，对他们而言则并不那么重要，这也是他们对有关资质和经营范围等问题回答“不知道”“不清楚”的根本原因。

三是符合逻辑法则。刑事推定，是司法人员根据事实之间的常态联系，以某一已经查明的事实推断另一难以证明的事实的存在。推定不是毫无根据的，相反是以逻辑自洽为前提的。不能只将明知自己的行为必然造成危害社会结果这种情况作为犯罪故意，还应当将明知自己的行为可能造成危害社会结果这种情况作为犯罪故意对待。因此，在理解《刑法》上“明知”行为对象的问题时，可以将“明知”理解为既包括确切地知道行为对象存在，也包括知道行为对象可能存在这两种情况①。

四是为我国刑事司法所认可。刑事推定方式认定犯罪故意在实践中的例证逐渐增多。② 如《全国法院审理金融犯罪案件工作座谈会纪要》中关于金融诈骗罪中非法占有目的的认定，明确对于行为人通过诈骗的方法非法获取资金，造成数额较大资金不能归还，并具有“明知没有归还能力而大量骗取资金的”等七种情形的，认定为具有“非法占有目的”。

（三）基于推定规则构建主观明知证明架构

1. 对公司是否吸收资金的证明。在前文所述的两种情况下，要证明业务员的“主观明知”，首先要证明其是否具有认识到实际上是由公司在吸收资金的条件和可能。这里，可借鉴违法性认识可能性理论。根据该理论，行为人本来是有可能认识到自己的行为违法的，却由于过失而没有认识到，也即这种错误本来是可以避免的，有避免发生的可能性，则不影响对行为人定罪的认定。只有在没有违法认识可能性时，违法性认识错误才能成为一种责任阻却事由。

在前述第一种情况下，我们就要看业务员有没有知道 POS 机签购单所载明信息的条件或可能。一般情况下，客户是当着业务员的面刷卡的，而且有时还是业务员自己从公司财务上将 POS 机借出，那么其就有条件去知悉 POS 机签购单上的内容，进而知道客户资金是否进入了公司账户。但其不去了解，说明其主观上存在疏忽大意的过失，甚至是

① 刘志伟：《主观明知的内容、程度及证明》，载《人民检察》2007 年第 21 期。

② 参见周光权：《刑法各论精释》（上），人民法院出版社 2015 年版，第 324 页。

放任的故意,即对客户资金去向抱着漠不关心的态度。

同理,在前述第二种情况下,我们要看业务员是否有认识到公司业务并非真正 P2P 业务的条件或可能。我们知道,在真正的 P2P 业务中,P2P 平台处于信息中介而非信用中介的地位,仅在出借人和借款人中间起到居间撮合的作用,且不得设立资金池。凡是不符合上述特征的 P2P 平台都不是真正的 P2P 平台,其所开展的业务自然也就不是 P2P 业务。

实践中,虽然都声称做的是 P2P 业务,但业务员对 P2P 业务的具体理解还是有所不同的:(1)有的业务员称,客户的资金是先交给公司,再由公司出借给他人。在这种情况下,显然可以直接证明客户资金是被公司吸收的。(2)有的业务员称,公司是作为中介,先将资金出借给他人,再将对借款人的债权转让给客户,由客户向公司支付投资款。这种情况下,显然也可以直接证明。(3)有的业务员称,公司作为中介将客户的资金匹配给借款人,客户资金是支付到第三方平台,公司并不接触资金。从形式上看,公司业务看起来似乎符合 P2P 的特点。此时,要证明业务员主观明知,具体可从其是否清楚 P2P 的概念、客户资金支付方式、是否签订资金托管协议、公司是否承诺并向客户还本付息、公司是否以理财产品的名义向客户宣传等方面予以综合判断,以证明公司并非做 P2P 业务。[①]如果其连基本概念都不清楚或者没有去进一步了解的意识,则可说明其对公司是否真的在做 P2P 业务以及是否吸收客户资金是持不关心或者不排斥态度的。

2. 关于"非法性"明知的证明。从实践来看,承办人在审查案件时,应当特别留意并重点复核以下几个方面的事实:(1)是否有条件看到以及是否看过营业执照;(2)是否有条件了解公司经营范围以及公司是否有理财、中介(经纪)资质;(3)是否知晓公司与投资人之间签订的协议的内容及当中所记载的公司所承担的义务、所起的作用以及所扮演的角色;(4)在开展业务前和开展业务过程中,是否听说过有类似公司被处罚的消息。

上述第(1)点、第(2)点,是为了证明业务员是否有了解公司真实经营范围的条件和可能。第(3)点,是为了证明业务员是否有机会了解协议内容。第(4)点,是为了证明业务员对业务违法性是否抱以排斥性态度。如果业务员有条件了解公司的经营范围,从公司与客户之间签订的书面协议中也能知道公司所承担的义务与对外所宣称的不符(如推出若干款理财产品并以投资理财的名义对外宣传,但与客户签订的却是《个人出借与咨询服务协议》),以及在听说有同类公司出事的消息后仍未对公司产生怀疑,那起码能说明其主观上对于公司没有吸收资金的资质是持无所谓的放任心态的。

(四)可能出罪的注意事项

1. 推定得出的结论仅具有高度盖然性,不是必然、唯一的结论。所谓推定,其实是指

---

① 如果公司在做 P2P 业务,那根据其居于中介这一地位,其就不可能以自己的名义销售理财产品,并承诺到期回本付息,因为这样做,等于混淆了中介和借款人的角色,因而非常异常;同样,债权转让也与资本逐利的天性不符,因为它这样做等于把原本可由自己全得的利息分一部分给出借人,与常理相悖。

根据对某个事实的证明来认定或推断另一个事实的存在,它是一种逻辑思维活动。[①] 其可靠性只能达到高度盖然性的程度,不具有绝对性。[②] 推定结论的正确性依赖于作为小前提的案件事实真实可靠以及推理过程绝对逻辑自洽,同时也取决于承办人的能力和认识水平,具有一定的不确定性。这就要求从基础事实到待证事实的链条应该尽量牢固可靠,并允许被反驳,即如果有相反的事实证据足以证明行为人确实欠缺相应的主观方面,则可以推翻这种推定。[③]

2. 要能够排除合理怀疑。判定行为人是否"明知",必须达到排除合理怀疑的证明标准。只有相关证据已达到确实、充分的证明标准,足以排除合理怀疑,才能认定行为人"明知"。如果不能排除合理怀疑,则应当坚持疑罪从无原则,作出有利于行为人的推定。[④]

总之,在线下型非吸案件中,业务员是一个较为特殊的群体。要证明他们有罪就必须证明他们存在吸收公众存款的主观故意。对于主观故意的认定,则要坚持"主客观相统一"的原则,防止客观归罪,同时结合全案证据加以综合分析判断,防止以部分证据片面定罪。在证明直接故意行不通的情况下,可从间接故意的角度另辟蹊径。但同样需注意的是,在审查案件的过程中,务必要注意证据收集的全面性和推理的正确性。

---

① 参见李恩慈:《刑法中的推定责任制度》,载《法学研究》2004 年第 4 期。

② 参见贺平凡:《刑事推定规则及其司法应用》,载《华东刑事司法评论》(第 2 卷),法律出版社 2003 年版。

③ 参见周光权:《刑法各论精释》(上),人民法院出版社 2015 年版,第 324 页。

④ 参见姚树举:《刑法中"明知"的判定方法》,载《检察日报》2018 年 10 月 24 日。

调查报告

江苏省检察机关检务公开年度报告(2018)

陈兴生　徐红喜*

新时代、新使命对检察机关深化检务公开工作提出了新要求、新期待。2018 年,江苏省检察机关认真落实中央和省委、高检院部署要求,依托江苏检察门户网站集群,深入推进司法办案、重大部署、司法改革、队伍建设等全方位、立体式公开,着力提升全省检察机关检务透明度。2018 年 3 月,中国社科院法学研究所发布《中国检务透明度指数报告(2017)》,江苏省检察院位居全国检察机关第一位。12 月,2018 年中国优秀"互联网 + 政法服务"平台综合影响力评估报告发布,江苏检察网获评"2018 年度中国最具影响力政法网站",苏检 e 访通获评"2018 年度中国创新型政法新媒体"。

江苏省检察院 2017 年率先制定出台了《江苏检察机关检务公开评价指标(试行)》,并组织对各设区市检察院开展检务公开测评。根据实际运行中的情况,2018 年对检务公开评价指标作了部分调整。一级指标"司法办案"分值增加了 10 分,总分变为 50 分,进一步突出了对司法办案活动公开情况的考查。

江苏省检察院于 2018 年 12 月 24 日组织各设区市检察院开展了集中交叉测评,从本次集中测评结果看,检务公开工作部署在各地得到了较好落实,各市院测评得分均在 90 分以上。连云港市检察院和南通市检察院已经形成了较为完善的检务公开工作机制,正在稳步有序地推进检务公开工作,测评得分连续两年位居全省前列。扬州、苏州、宿迁等市检察院 2018 年加大力度扎实推进,成效较为明显,测评得分较 2017 年有了大幅度提升。

* 陈兴生,江苏省人民检察院宣传教育处处长;徐红喜,江苏省人民检察院宣传教育处副处长。

一、聚焦司法办案活动公开

(一)实时公开重要案件信息

对职务犯罪案件信息和重大、敏感、社会关注度高的案件,及时在检察门户网站及官方微信、微博等平台公开案件办理信息,回应社会关切。2018 年,全省各级院共在江苏检察门户网站集群公开各类案件信息 8000 余条,其中职务犯罪案件信息 740 余条;省检察院在江苏检察网公开案件信息 300 余条。"昆山 8 · 27 反杀案"相关案件处理信息在三级院网站及新媒体平台公开发布后,点击阅读量累计超过 2000 万次。省检察院研发了案件发布集聚功能,将全省三级院发布更新的案件信息,第一时间自动抓取同步在省院门户网站上公开,方便群众查看,自汇聚全省检察门户网站集群上线以来,全省三级检察院发布各类案件信息 15000 余条。盐城市大中地区检察院实行减刑、假释、暂予监外执行案件逐案公开,已公开案件信息 450 余条。

(二)依法公开各类法律文书

全省各级检察院常态化开展法律文书公开工作,2018 年共依法公开起诉书、刑事抗诉书、不起诉决定书等法律文书 76046 份,做到依法应当公开的全部及时公开。扬州市检察院实行月检查、季通报,并对公开不规范的点名通报到具体案件,着力做到符合公开条件的法律文书均及时、准确公开,全市法律文书整体公开率达 98%。南通、连云港等市检察院进一步探索开展法律文书链接式公开,同步公开检察机关的起诉书和法院的生效判决书,促进司法办案活动更加公开、公正。

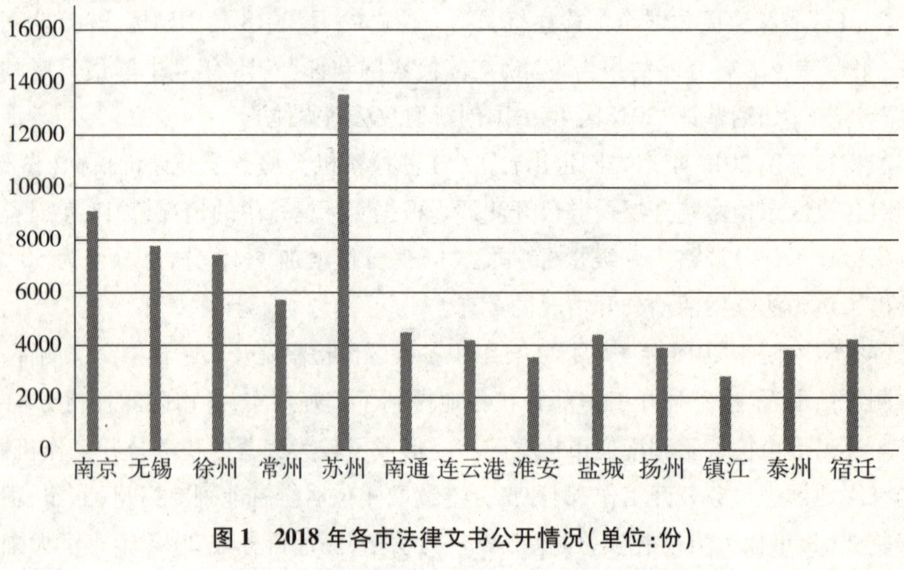

图 1 2018 年各市法律文书公开情况(单位:份)

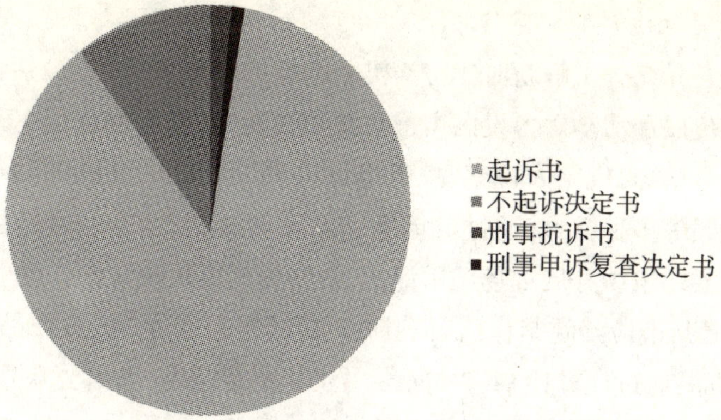

图2　2018 年全省法律文书公开类型分布

(三)做好重大案件的新闻发布工作

创新新闻发布形式,对社会广泛关注的重大、特殊案件,第一时间开展个案宣传发布。2018 年,全省各级检察院共举行各类新闻发布 146 次,发布典型案例 420 余件;其中,省检察院举办公益诉讼、打击非法集资、保护知识产权等新闻发布会 13 次,发布典型案例 70 余件。连云港、淮安、镇江、徐州等市检察院,针对办理的非法捕捞 910 余万公斤水产品案、全国首例维护英烈名誉权公益诉讼案、打击长江非法采砂刑事附带民事公益诉讼案、打击非法集资典型案件等,及时召开新闻发布会,公开案件办理情况,受到社会广泛关注,人民日报、新华社、中央电视台等 30 多家中央和省级媒体进行了报道,取得了良好的发布效果。

(四)结合典型案例强化以案释法

全省各级检察院认真落实"谁执法,谁普法"的普法责任制,选择办理的典型案例,通过检察官深入村居社区一线以案释法、参与制作电视网络媒体节目等方式,公开检察机关办理的相关典型案件情况,强化警示教育。省检察院在江苏检察网设立"以案释法"专栏,发布典型案例 260 余篇。南京市检察院在官方网站和微信、微博等平台,设立《检察官说法》《检察故事》等专栏,发布典型案例 50 余篇,用老百姓听得懂的语言,对检察官办理的非法捕捞、侵害知识产权等案件进行释法说理。常州市检察院与中央电视台社会与法频道合作,制作了 12 期检察官以案释法节目,及时公开办理非法集资、网络诈骗等案件情况,剖析犯罪手段和社会危害,促进社会公众增强防范意识。

二、主动公开检察工作信息

(一)全面公开检察领导分工和检察官相关信息

全省各级检察院在去年公开内设机构及其工作职责、检察机关领导班子成员和部门负责人及全体检察人员等信息的基础上,进一步公开检察领导干部的工作分工,公开业务部门检察官的等级以及检察人员法律职务任免等信息,切实做到检察机关的人员、职责、身份等公开透明。

（二）强化新时代检察职能宣传

为促进社会各界充分了解新时代检察机关承担的职责使命，省检察院组织开展了新时代检察职能宣传展示活动。各设区市检察院积极参与，精心制作了 17 部作品，从侦查监督、公诉、公益诉讼、未成年人检察、控告申诉检察、刑事执行检察等多个方面，运用动漫、微电影、微视频等多种方式，通过具体生动的案例故事，全方位宣传展示了新时代的检察职能。省检察院组织开展现场展示评比，最终扬州市检察院制作的《悟空说法》获评“最佳作品奖”，常州市检察院制作的《陪伴》等 6 部作品获评“优秀作品奖”。省检察院选择部分优秀作品，通过江苏检察门户网站、“江苏检察在线”微信公众号等，持续展播 10 余部，促进社会各界进一步了解和支持检察工作。

（三）邀请公众参与法律监督典型案件评选

开展全省检察机关法律监督典型案件评选活动，是 2018 年省检察院党组确定的重点任务之一。省检察院及时进行部署宣传，各设区市检察院积极组织参与，主动公开评选活动相关安排，并邀请社会公众参与投票，最终无锡特大“套路贷”黑社会性质组织案、陆某等人用“天猫”积分套现 700 余万元特大诈骗案等 46 件案件进入省院评审环节。省检察院经组织法学专家、司法实务人员等进一步评审，最终评选出 20 件法律监督典型案例，并通过江苏检察门户网站集群和新媒体平台进行公开宣传展示，促进社会各界进一步了解检察机关强化司法办案、服务经济发展、维护公平正义的实践和成效。

（四）深化检察人物宣传展示

全省各级检察院结合典型案例，通过开设“新时代检察官”专栏等形式，加强检察官办案情况的公开，宣传展示检察官和检察官办案团队 260 余人。扬州市检察院茆小松检察官办理的腾达公司虚假诉讼案、泰州市姜堰区检察院检察官沐杰办理的微信“抢红包”外挂案等公开后，受到社会各界的好评。在加强先进检察官宣传展示的同时，积极展示司法行政人员、检察辅助人员的形象。在检察门户网站集群开设“我是书记员”专栏，依靠海报微端宣传、“江苏检察在线”联动矩阵推广，及时宣传展示 20 余名普通书记员立足岗位、辅助司法办案的故事，阅读量超过 6 万。通过深化检务公开，全省检察机关产生了 CCTV2018 年度法治人物王勇，全国模范检察官、中国正义人物吴小红，驻村扶贫期间带领乡亲创业致富、被评为“中国好人”的盐城检察干警陈扣连、杨洪雨等一批先进典型。此外，对发生的自身违纪违法案件，相关地区也主动公开查处结果，做到不遮掩、不护短。

三、结合公开做好便民服务

（一）细化完善检察办案流程

全省各级检察院在去年公开办案流程的基础上，结合《民事诉讼法》《刑事诉讼法》修改等新形势，在检察门户网站“检务指南”模块，及时补充设立了公益诉讼办案流程和刑事速裁程序案件流程图，生动展示相关案件的受理、办理、流转等运转程序，方便群众办事。

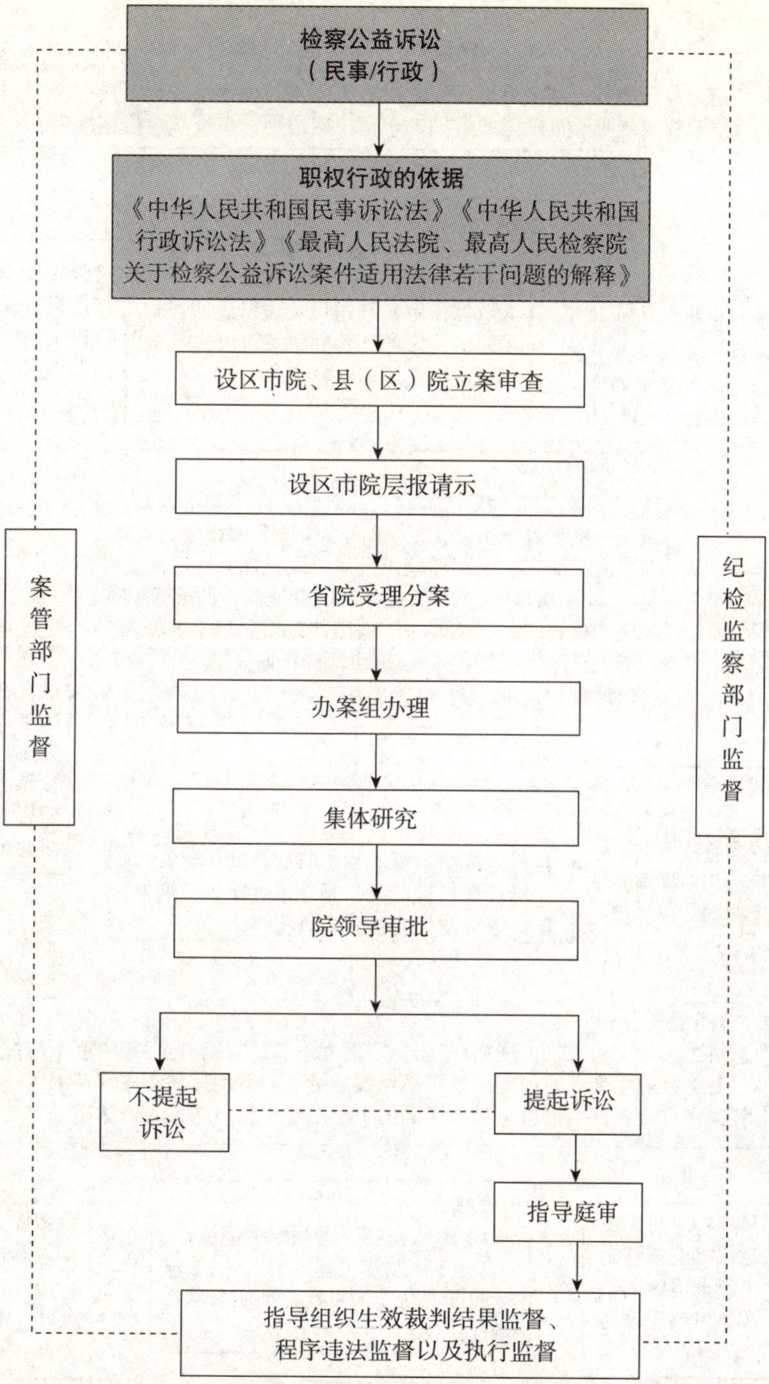

图3　公益诉讼办案流程图

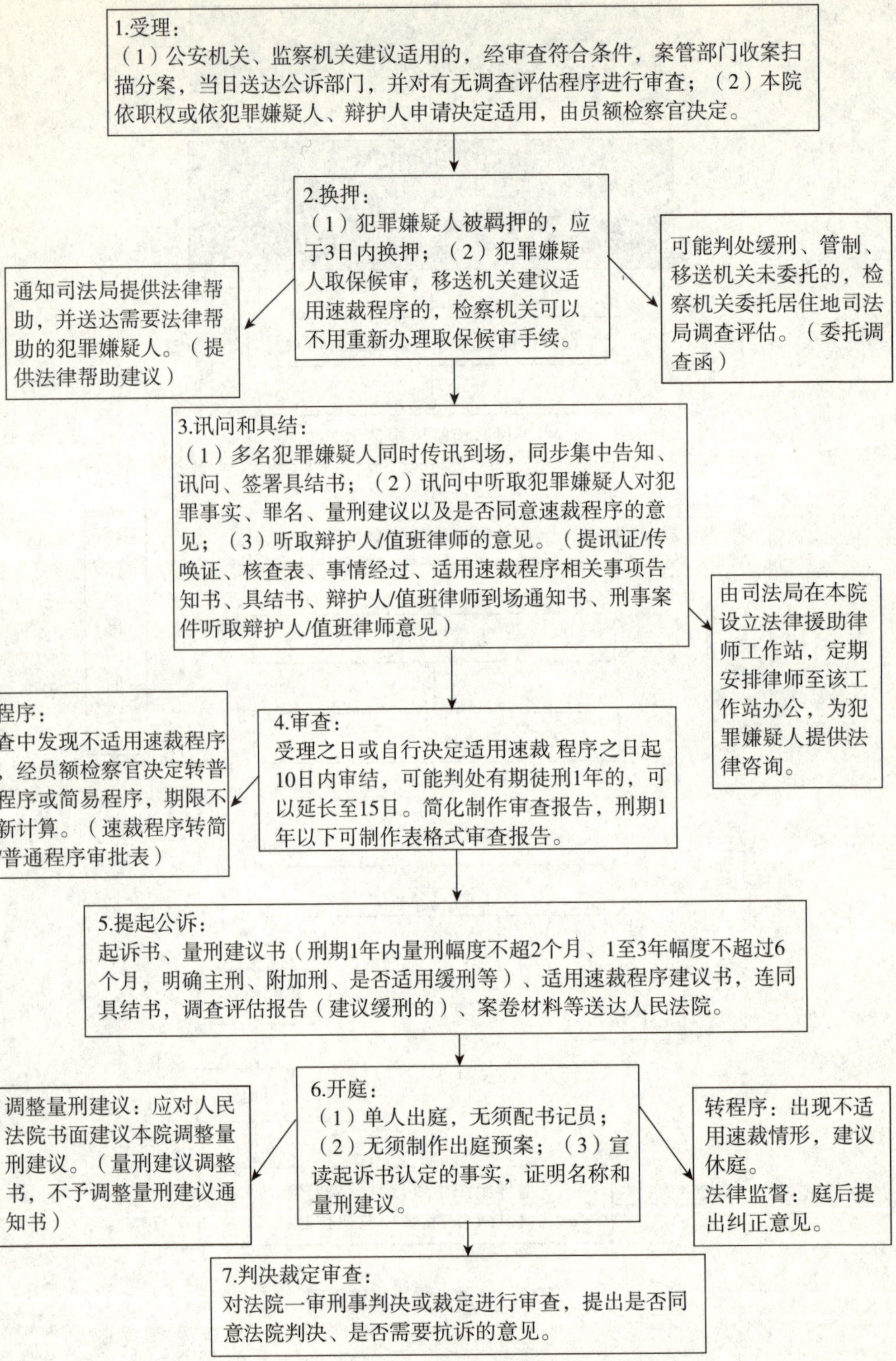

图 4　刑事速裁程序案件流程图

(二)率先增设门户网站无障碍视听功能

在全省检察门户网站集群上,网友通过一键点击,便可以解放双眼"听"网页新闻信息、自由缩放"变"字号、即时转载"享"文章,拥有了更为舒适的浏览体验。江苏是全国检察机关门户网站中首个实现此功能的省份,每天有上千名网民通过集群各网站使用该功能。网友"万一"反映:自从发现江苏检察网有了听新闻的功能后,对检察网的关注更多了,选好了要看的文章,打开"听新闻"按钮,就能闭上眼睛"浏览"新闻了,用这个方式休息休息也不错。

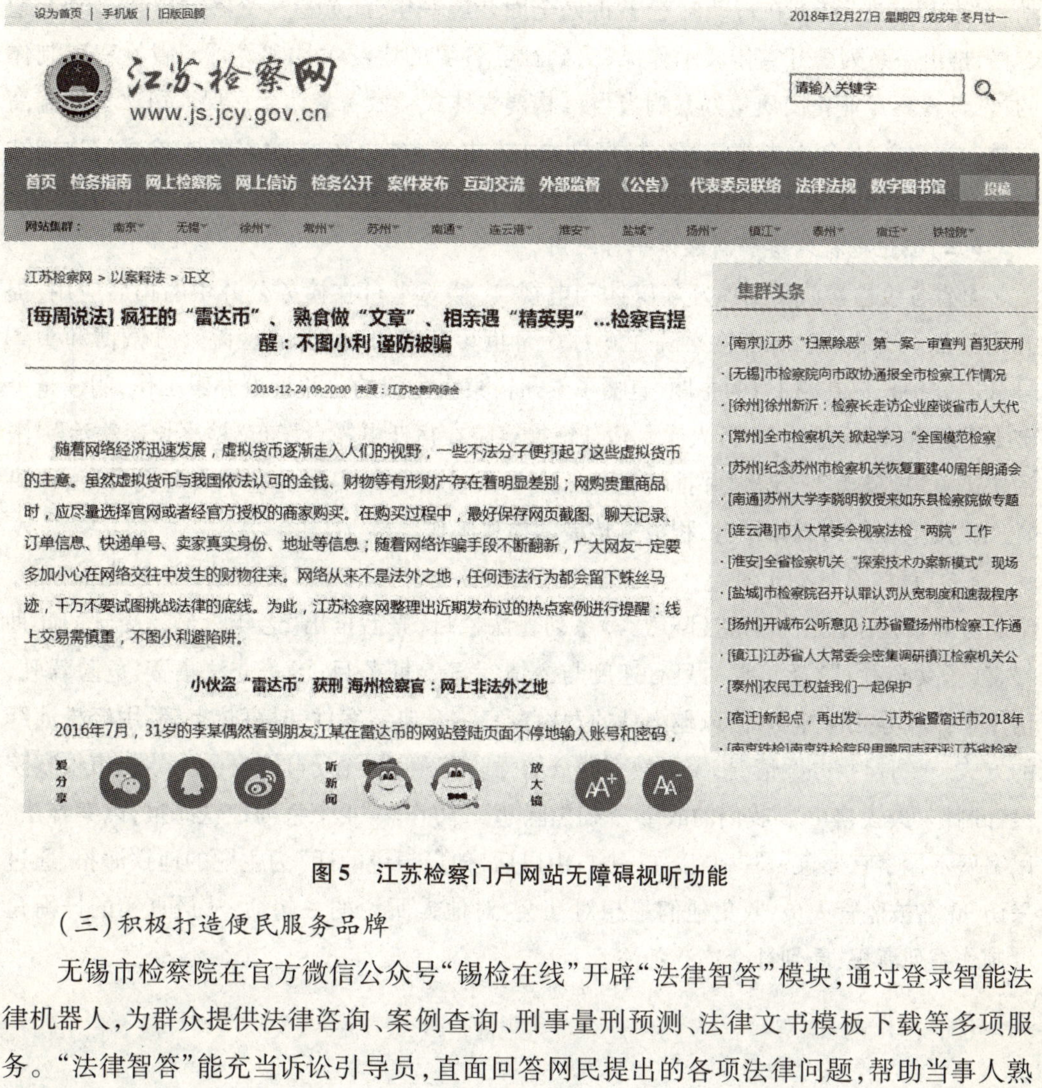

图5　江苏检察门户网站无障碍视听功能

(三)积极打造便民服务品牌

无锡市检察院在官方微信公众号"锡检在线"开辟"法律智答"模块,通过登录智能法律机器人,为群众提供法律咨询、案例查询、刑事量刑预测、法律文书模板下载等多项服务。"法律智答"能充当诉讼引导员,直面回答网民提出的各项法律问题,帮助当事人熟悉立案流程,能够引用法条、分析案情并作出逻辑的推理判断,提供优质的法律服务。研发公益诉讼"随手拍",方便群众将发现的公益诉讼线索的照片或视频上传至平台,检察机关集中受理、分类处置、限时办理,并对有功人员给予奖励。苏州市检察院研发"苏州检察服务中心”小程序,为律师和社会各界提供法律文书、案件程序性信息查询、检察官预约和提交辩护意见服务,得到市律协发文推广。

四、注重公开形式内容的策划和创新

(一)注重加强主题策划

全省各级检察院围绕学习贯彻十九大精神、纪念改革开放四十周年等重大主题,以及公益诉讼、扫黑除恶等重点工作,精心组织策划了《向人民报告》《解放思想大讨论活动》《“扫黑除恶”江苏在行动》《公益诉讼全面开展一年,江苏检察交答卷!》等多个专题专栏,推出一系列公开宣传展示作品,受到社会各界的广泛关注和好评。省检察院制作的《江苏检察专业化高质量办案响当当》《构建立体式绩效考核体系　保证司法责任制高质量运行》《2018 年上半年江苏省检察机关主要办案数据》系列图解等,在检察门户网站和新媒体平台公开后反响热烈,被高检院新媒体、正义网等转载点赞,点击量达 10 万 +。

(二)强化电视网络和新媒体平台应用

全省各级检察院突出抓好新媒体和电视、广播等平台在检务公开中的拓展应用,提升检务公开效果。泰州市检察院在 6 月 5 日世界环境日,配合高检院官方微博和头条号,以“守护长江在路上”为主题,直播了泰州检察官一天的公益诉讼办案工作,阅读量突破 1.8 亿次,讨论量达 34 万人次。宿迁市检察院在宿迁电视台发布“检察长谈法治”“法治快讯”等检务信息 35 次,并推动宿迁未成年人检察工作实践走进中央电视台《法律讲堂》,借助电视网络媒体平台,积极宣传展示检察工作。

(三)积极创新公开方式

宜兴市检察院创新打造《晓敏秀》系列普法栏目,先后推出“老年人最易受到的几种侵害(子女必看)”“超车真的只有速度与激情?”等 5 期节目,涵盖非法集资、危险驾驶、信用卡诈骗等法律知识,由风趣幽默的女检察官结合典型案件、时事热点等,用轻松演绎的方式,介绍检察办案情况,警示教育群众增强防范意识,深受群众喜爱。苏州市检察院设计制作“失去自由”“我们的故事”“扫黑除恶”“防诈骗”4 个系列地铁海报,以案释法,以案展示检察官形象。其中,以“失去自由以后,他最想说的话”为主题的地铁海报,通过采访 93 名被监管人员,收集他们最想对社会、对他人所说的一句话,从最真实的忏悔角度制作系列海报,受到社会广泛关注。

图6　“失去自由”主题地铁海报

江苏检察机关检务公开工作保持了良好发展态势,但仍然存在一些不足之处,主要表现在以下几个方面:一是省检察院新闻宣传部门与相关业务部门之间的沟通协同还不到位,法律文书链接式公开还未能推动在全省检察机关全面推行,网民互动交流功能还不够完善;二是各地区检务公开工作发展不够均衡,有的检察院面对检务公开中遇到的问题,存在等靠思想,开动脑筋、探索创新的积极性、主动性不够强,检务公开工作成效提升不明显;三是有的检察院检务公开工作机制有待完善,相关人员力量配备不足,上下沟通交流不够顺畅。

面对新任务、新要求,江苏检察机关将进一步围绕中心工作,加大检务公开力度。省检察院和设区市检察院将进一步加强主题策划和力量统筹,建好用好检察门户网站集群和检察新媒体平台,动员全省检察人员主动参与,全面宣传展示检察机关司法办案、司法改革、司法管理、队伍建设等方面的重要举措、重大案件、突出成效和先进典型,自觉接受外部监督,更好地彰显新时代江苏检察机关在服务全省高质量发展中的独特贡献。

网络涉众型经济犯罪情况的调研报告

——以L市为例的分析

刘培志　王义云*

摘要：随着“互联网+”概念的传播与发展，涉众型经济犯罪案件呈现出“互联网+传销+非法集资”的复合型新特点。笔者以L市相关案件为样本研究发现，当前网络涉众型经济犯罪多以线上搭建平台、线下开设门店为形式，以传销的手段聚拢人气，虚实交织地渗透到购物、投资理财等日常经济活动中设置金融骗局，具有很强的欺骗性，社会危害不容小觑。对这类犯罪的治理应当有效因应其特点，采用“多管齐下”的复合式治理措施。

关键词：涉众型　经济犯罪　网贷平台　欺骗性

近年来，网络涉众型犯罪多发，影响了社会和金融市场的稳定。通常，此类犯罪的犯罪手法依托网络技术，因此给办案和司法认定带来了不少困难。鉴于此，笔者对L市发生的网络涉众型经济犯罪进行了调查分析，希望能够从中发现一些犯罪规律，破解执法办案难题。

2016年以来，L市共受理移送审查起诉网络涉众型经济犯罪案件24件104人，案件主要涉及非法吸收公众存款罪、集资诈骗罪、组织领导传销活动罪、非法经营罪等罪名，其中非法吸收公众存款罪8件19人，集资诈骗罪4件13人，组织、领导传销活动罪8件43人，非法经营罪4件29人。（如图1）

---

* 刘培志，江苏省连云港市人民检察院研究室副主任、检察员；王义云，江苏省连云港市海州区人民检察院刑检二部副主任、检察员。

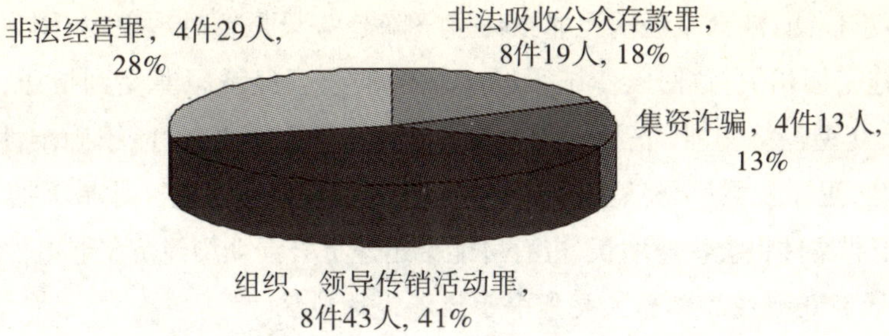

图1　2016 年以来 L 市网络涉众型经济犯罪基本情况

一、网络涉众型经济犯罪的特点

(一)网络涉众型经济犯罪与传统涉众型经济犯罪呈此消彼长趋势

传统的涉众型经济犯罪主要是指非法吸收公众存款和集资诈骗，以 L 市移送审查起诉数据为例，2015 年以前这两类犯罪的发案率一直处于上升状态。但随着国家、社会对涉众型经济犯罪危害性认识的深化，国家对各类涉众型经济犯罪实施“零容忍”态度，有关部门对该类犯罪采取了一系列防范和打击措施，涉众型经济犯罪发案率在 2015 年出现拐点，呈逐年下降趋势。(如图 2)

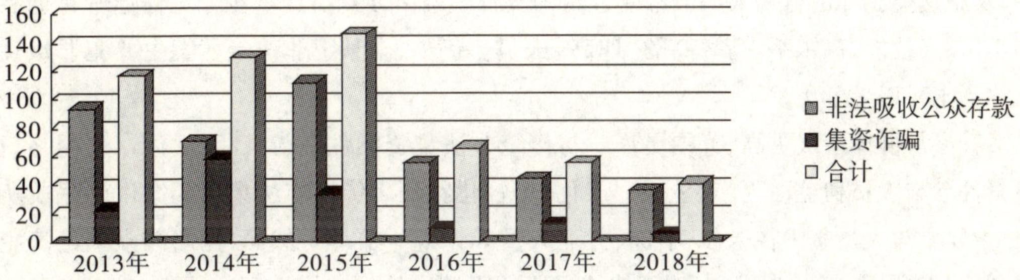

图2　2013 年以来 L 市涉众型经济犯罪总体趋势

但是，我们必须清醒地认识到，2015 年以前涉众型经济犯罪主要依赖于口口相传的传统手段，尚未与互联网结合。而 2015 年以后，“互联网 + 涉众型经济犯罪”的模式开始出现，并呈增长趋势。(如图 3)

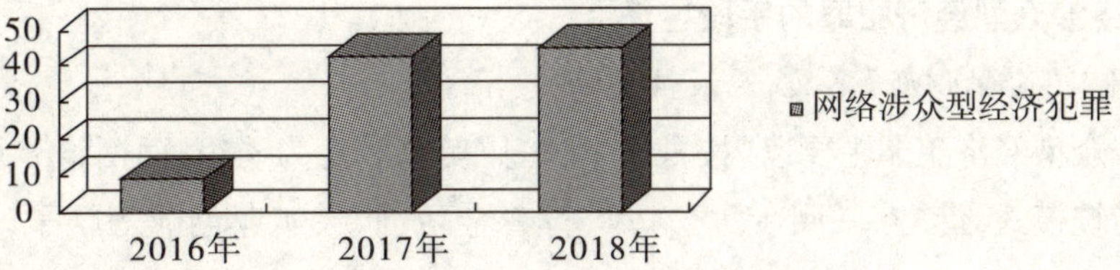

图3　2016 年以来 L 市网络涉众型经济犯罪发案趋势

所以，不难预测，涉众型经济犯罪案件呈下降趋势只是暂时现象，与国家机关实施的严厉打击措施密切相关，致使以传统手段实施的涉众型经济犯罪受到挤压，而变种后的“互联网 + 涉众型经济犯罪”正处于发展时期，因其行为的复杂性、不确定性和对其行为认识的多重性，犯罪发案率虽然呈上升趋势，但是并未到爆发期。如果不加以预防，网络涉众型经济犯罪案件将会快速增长，极有可能会迅速提升涉众型经济犯罪案件的发案率。

（二）网络涉众型经济犯罪主要集中于经济发达地区

涉众型经济犯罪的目的在于迅速聚集社会公众资金，因此犯罪分子更喜欢在地域经济发达、社会闲散资金充足的地区实施犯罪活动。从 L 市办理的网络涉众型经济犯罪案件分布看，主要集中于经济较为发达的 H 区（12 件 55 人）、G 区（5 件 23 人）和 D 县（5 件 17 人）。从全国范围来看，截至 2018 年 7 月底，P2P 网贷停业及问题平台超过 850 家，经济发达、互联网产业集中的上海、浙江、广东、北京四地的平台占据了三分之二强，具有明显的地域特征。虽然网络涉众型经济犯罪依托互联网打破了地域限制，但是网络涉众型经济犯罪在起始阶段一定程度上仍依赖于线下推广，经济发达地区仍是首选之地。并且在经济发达地区也使得这类犯罪活动具有更多的便利性和欺骗性。

（三）网络涉众型经济犯罪参与群体多元化

1. 犯罪主体文化程度较高。掌握网络信息技术是实施网络经济犯罪的必要条件之一，实施这类犯罪的行为人一般都受过高等教育。网络涉众型经济犯罪主体通常是拥有高学历、高技能、高水平、高智商的“四高”人员。例如，李某卫非法经营案主要犯罪嫌疑人均为本科以上学历。

2. 参与群体层级更高、范围更广。与传统非法集资案件参与人相比，涉众型网络犯罪案件参与人员覆盖面更广，呈现中产化、年轻化特征。传统非法集资类案件受手段所限，主要参与人员集中在退休、下岗、无业人员等中老年群体。然而，网络涉众型经济犯罪利用“互联网 +”的模式，突破了传统手段的限制。从技术层面而言，网络涉众型经济犯罪对知识水平，尤其是智能化水平的要求较高，因此吸引了大量“网虫”和具有专业投资背景的人参与，大量具有投资证券、期货金融基础知识的人员参与其中。如韩某峰等人集资诈骗案，参与人员很多是本地区具有买卖黄金、外汇等丰富投资理财经验的中产人士。

二、网络涉众型经济犯罪的手段特征

（一）冠以“金融创新”名义，隐蔽性更强

传统涉众型经济犯罪主要以“按月还本付息”等高利息为诱饵，而网络涉众型经济犯罪打破了传统模式，借“互联网 +”之东风，打着金融创新、实业创业等幌子，以“购物返现”“区块链”“投资理财”等创新形式，借 P2P、PPP 网贷，众筹，数字货币之名，掩盖其违法犯罪的本质，使其犯罪行为隐蔽性更强。如孟某龙等人非法吸收公众存款案，行为人宣传“电子商务+众筹股权+实体店”概念，以镇江统资联电子商务有限公司的名义，推出2400元/单，每周分红返利100元/单，48周出局获返利4800元的投单模式，面向社会发展会员，吸收公众存款。

（二）利用政府行为进行虚拟包装，欺骗性更强

在网络涉众型经济犯罪案件中，P2P等网贷平台有相关政府部门颁发的营业执照，同时，行为人利用网络虚拟空间和信息技术虚构政府红头文件、合同、批文等，大肆包装企业实力和政府背景，甚至包装企业负责人政治背景等，欺骗性更强。如善林金融公司非法吸收公众存款案，善林公司本身具有相关部门颁发的营业执照，具有金融信息服务的资质，其通过贵州中耀华建建筑有限公司债权转让的方式（贵州省兴义市政府项目），以购买“政信通”理财产品为名，吸收公众存款，具有较强的欺骗性。

（三）借助互联网辐射功能，实现信息几何级增长

网络涉众型经济犯罪不再以传统的“推介会、传单、手机短信、口口相传”等简单方式，而是依托互联网辐射功能，借助APP软件，采用多层级、集团化、轰炸式网络宣传，实现信息的迅速传播和资金的广泛聚集。

三、网络涉众型经济犯罪行为方面的特征

涉众型经济犯罪在行为方面不断翻新，已经不再局限于非法吸收公众存款和集资诈骗，非法经营网络彩票和拉人头缴纳会费等新型传销犯罪行为逐渐兴起。2016年来，L市共办理利用网络实施的组织、领导传销活动罪8件43人，非法经营罪4件29人，占同期网络涉众型经济犯罪案件涉案人员数的74.2%。其典型行为方式主要表现在以下几个方面。

（一）借助网贷平台非法集资

正规网贷平台的经营行为仅限于为借方和贷方提供网络中介服务，但实践中行为人将借款需求设计成理财产品，通过P2P等网贷平台发布虚假信息，出售给出借方，或者先归集资金形成资金池，再寻找出借对象，变相吸收公众存款。L市所办理的利用P2P平台实施非法吸收公众存款案，均违背了金融中介的本质。有的公司自行发布大量的虚假借贷标的，以支付超高年化收益率或奖励作为诱饵，向社会募集资金，形成资金池，由公司实际掌控或使用。

（二）借助金融创新实施网络传销

借助互联网兴起，网络金融犯罪的模式更加复杂化，行为人以资本运作、投资理财为名，实质上以欺诈和拉人头缴纳会费获取会员资格的形式进行传销，基本不提供任何商品和服务。例如卢某杰等人组织、领导传销活动案，行为人通过注册成立全球通用（北京）科技有限公司，运作“全球通用共赢积分”项目，设立GGP共赢积分奖金制度，以投资购买产品的名义发展会员。为发展更多的下线，公司设置推荐奖、互助奖、管理奖、平级

奖,并按照会员级别和管理级别给予会员不同比例的奖金。

(三)利用网络非法买卖外汇或经营彩票

行为人利用网络技术搭建彩票网站,以投注额一定比例计提分红提成的方式招募网站“代理”,发展会员参与赌博;或者搭建 AGM 网络理财投资平台,招揽会员注册并投入资金以买外汇涨跌的形式进行赌博。例如,被告人张某兵等人共同出资设立“香港朗世投资集团”网络理财投资平台(以下简称“AGM”平台),招揽会员注册并投入资金以买外汇涨跌的形式进行赌博。“AGM”平台同时设置初级、中级、高级代理,通过发放 0.2%—1.7% 的提成鼓励代理发展会员。

四、网络涉众型经济犯罪司法惩处难点问题

(一)法律适用难

网络涉众型经济犯罪形态新颖,行为特征复杂,在司法实践中存在法律适用的难题。对这类行为存在非法吸收公众存款、集资诈骗、组织领导传销活动或者非法经营等不同认识和处理方式,增加了司法办案的难度,削弱了对网络涉众型经济犯罪的打击力度。如邢某组织、领导传销活动案存在非法吸收公众存款和组织、领导传销活动罪的争议,李某卫非法经营案存在非法经营与开设赌场的争议。调研中还发现,在网络涉众型经济犯罪案件中,P2P 网贷平台等均具有相关部门颁发的营业执照,其分支机构也是以金融中介的名义开展业务,资金均通过第三方支付平台进入总部账户,一旦发生非法吸收公众存款的事实(一般是总部行为),分支机构负责人的主观违法性难以认定。例如王某春非法吸收公众存款案,王某春作为浙江金岩控股集团有限公司 L 市分公司负责人,以金融中介名义开展业务,对于总公司运营模式、资金流向,以及对于吸收的资金进入总公司账户并形成资金池的事实并不知晓,难以认定其具有犯罪的主观故意。

(二)证据收集难

网络涉众型经济犯罪的证据不同于传统犯罪的证据,大多以电子数据的形式存储于磁性介质中,具有较强的隐蔽性和脆弱性,极易被篡改或破坏,取证、固证难度大。由于犯罪行为的远程化,网络涉众型经济犯罪的嫌疑人可以分散于全国各地,有的甚至居于国外操纵犯罪行为,很难做到将其一网打尽,一旦有风吹草动,行为人可以轻易远程毁灭证据。例如李某卫非法经营案,犯罪嫌疑人为逃避打击多次更改网络域名,定期删除服务器数据,为侦查取证增加了难度。

(三)赃款追回难

网络涉众经济犯罪行为人往往通过虚拟各种业务行为转移隐匿赃款,有的甚至精心预谋通过地下钱庄跨境转移资金,导致对赃款性质的识别与追回异常困难,极易引发被害人群体性事件。例如,韩某锋非法经营案,行为人首先设立空壳公司,以空壳公司的名义在第三方支付平台开设账户,赃款通过第三方支付平台进入公司账户后再分散转移到

若干个人账户,并在个人账户下不停地再次分散转移,同时第三方支付平台款项来源又难以留下痕迹,致使6亿元赃款仅追回1000万元,引发受害人不断上访。

五、对策建议

(一)构建信息共享机制,强化预防控制

一是建立协商机制。加强政府金融部门、司法部门和公安部门之间的联动协调,建立信息共享机制,共同研究解决网络涉众型经济犯罪在法律适用、证据标准、刑事政策等方面存在的突出问题,统一认识,形成打击合力。二是强化监督预警。公安机关、金融监管部门应加强与银行、支付平台之间的合作,充分利用大数据技术,加强对网络经济信息数据的汇总和梳理,及时发现网络经济交易风险,对可疑账户进行监督预警,及时收集和汇总犯罪线索,为案件的侦破和赃款追回提供保障。三是实现信息共享。公安机关应充分利用网络警察的技术优势,加强网络金融信息研判,及时提出防控网络涉众型经济犯罪活动的工作建议;金融监管部门应依托大数据平台随时关注网络支付平台等网络金融的走向,及时发现和通报预警性信息;司法机关加强对网络涉众型经济犯罪的分析研判,及时提出预防和打击对策。多部门联动,共同构建协调统一的防控体系。

(二)公安司法机关共同研究制定网络涉众型经济犯罪电子证据审查指引

从调研情况来看,网络涉众型经济犯罪证据审查认定的难点在于电子证据取证、固证和审查认定。网络经济犯罪中涉及的电子证据多种多样,如电脑主机,移动存储介质,手机,电子支付信息,IP信息,QQ、微信等聊天记录,QQ、微信、微博等应用数据,电子邮件,等等。虽然最高人民法院、最高人民检察院、公安部联合发布的《关于办理刑事案件收集提取和审查判断电子数据若干问题的规定》对电子数据的收集和审查作出了规定,但仍然无法全面涵盖网络经济犯罪电子数据的特殊性,加上电子证据的开放性、隐蔽性、脆弱性特征,在取证程序上稍有疏忽就可能导致电子数据的毁灭,或者难以发挥其证据效力。因此,公安司法机关应针对网络涉众型经济犯罪案件的特点和取证要求,形成统一的证据标准,共同研究制定网络涉众型经济犯罪电子证据审查指引,避免出现因证据标准不统一导致案件无法办理的现象。

(三)组建网络涉众型经济犯罪专业化办理小组,提升专业化水平和办案效率

网络涉众型经济犯罪涉及信息技术、金融、经济等多个领域,加之其犯罪主体的高智商化,因此办案人员在案件线索的查证、行为定性、证据审查、法律适用、追赃挽损的处理等各方面都提出了更高的要求。因此,应尽快建立健全相应的专业化办案团队,特别要对办案人员加强互联网技术方面的培训,以有效应对被告人、辩护人提出的"技术无罪"的辩解。

(四)加强典型案例研究,强化网络涉众型经济犯罪案例指导作用

以专业化办案团队为依托,加强网络涉众型经济犯罪个案研究工作,选择疑难复杂、

具有典型意义的案例，加强法律适用分析、证据审查认定分析和办案经验挖掘总结，充分发挥典型案例的指导作用，为办案人员提供有针对性的业务指导和参考。

（五）加强法治教育和网络金融风险教育，提升群众自我防范意识

工信部门、公安部门、司法部门等相关职能部门应针对网络经济犯罪开展规范化、制度化、常态化法治教育工作；司法部门应结合具体案件开展以案释法工作，不断提升人民群众自我防范意识，消除“薅羊毛，捞一把就跑”的侥幸心理，远离高风险平台。金融监管部门应开通微信、微博等媒体平台的公众号，及时解答网民提出的有关网络经济犯罪的问题，同时及时接收网民的监督和举报，加强对网络环境的治理。

前沿探讨

我国刑事见证人制度虚置化及其克服

黄　伟*

摘要：当前，我国刑事见证人制度在立法上存在结构性缺陷，导致在实施中存在诸多问题，且存在被进一步弱化的危险。应当合理设定强制见证的适用范围，建立见证人资格审查机制与选任程序，完善刑事诉讼见证人的权利义务，细化刑事诉讼见证程序的实施规范，明确规定违反见证人制度的程序及实体双重法律责任，落实并完善刑事见证人制度。

关键词：刑事见证人　虚置化　见证程序　程序性制裁

刑事见证人制度在我国刑事诉讼立法上较为粗疏，司法实践中也存在诸多问题，存在逐步虚置化的危险。2016年，"两高三部"《关于推进以审判为中心的刑事诉讼制度改革的意见》中首次明确提出"完善见证人制度"，充分说明见证人制度在以审判为中心的刑事诉讼制度中占有一席之位。本文从分析当前刑事见证人制度运行中出现的具体问题出发，借鉴域外经验，结合我国司法实务探索，提出完善发展我国刑事见证人制度的实践对策。

一、刑事见证人制度虚置化的表现及其成因

（一）违反应当邀请见证人程序规定的现象仍然存在

在搜查、扣押、勘验、检查、辨认等诉讼活动中，应当邀请见证人是法律、司法解释或者规范性法律文件设置的强制性条款。而实践中，对于应当邀请见证人参与的侦查活

---

* 黄伟，江苏省常州市钟楼区人民检察院刑事检察二部副主任、检察员。

动,无故不邀请见证人便自行实施的情况较为突出。表现为:在搜查笔录、扣押文书等相关法律文书中,要么在见证人签名栏上“开天窗”,要么当场无见证人,事后随意找人代签或者侦查人员冒签。

(二)使用辅警等利害关系人担任见证人时有发生

根据《最高人民法院关于适用〈中华人民共和国刑事诉讼法〉的解释》(以下简称《刑诉法解释》),与案件有利害关系,可能影响案件公正处理的人员以及公安、司法机关的工作人员或者其聘用的人员不得担任刑事诉讼活动的见证人。《公安机关办理刑事案件程序规定》也明确要求,勘验时应邀请与案件无关的见证人参与。实践中,侦查人员有时会安排派出所的辅警等与侦查机关具有特定关系的人员作为专职见证人参与见证。这些人员由于与公安机关有着密切的联系,由其参与见证,既无法保证见证人的独立性和中立性,也无法排除利害关系,难以期待见证人能客观地发挥监督和制约不当甚至违法侦查现象,也容易招致对刑事见证公正性的质疑。

(三)见证过程形式化问题较为突出

在有些情况下,侦查机关虽然邀请了见证人,但是并未事先向见证人说明需要见证的事项以及见证的内容及标准,导致见证人既不清楚侦查活动的合法性要求,也不知晓特定侦查活动的过程及内容,更不知道自己到底应当见证什么,如何见证。在见证过程结束后,例行公事地按照侦查人员的要求在法律文书上签名,且相关法律文书上也未能反映见证过程,导致见证活动有名无实。

(四)见证人制度的证明功能缺失

在相对封闭的侦查活动中设置见证制度,意在通过中立的第三方还原诉讼活动的真实情况,从而为查证诉讼活动合法与否、解决控辩争议提供双重证明。在司法实践中,见证人仅仅以签名形式出现在诉讼笔录中,出于对见证人的签名是否属实、是否有见证人实际参与见证、见证人是否能够保持中立性等诸多问题的顾虑,见证人对诉讼活动合法性的证明力大打折扣。

造成上述刑事见证人制度虚置化的成因很多,既有制度层面的不完善,也有实践层面的不重视,并且二者相互作用和影响。主要表现在以下几个方面:

一是功能定位不明晰。《刑事诉讼法》等对见证人的规定不仅条文数量少,也较为粗疏,不具有体系性。《刑事诉讼法》没有规定需将刑事辨认纳入见证范围,见证方式也仅规定见证人在相关笔录上签名,这实质上暴露了我国刑事立法层面对刑事见证人制度缺乏清晰明确的制度定位,将见证人条款作为依附于侦查等诉讼活动的技术性要求。立法问题折射到司法层面,种种不重视见证人制度的现象自然会发生。①

---

① 正如学者指出,侦查人员忽视见证制度的种种表现其根源在于没有认识到见证制度本身的价值蕴含,而立法的不完备难辞其咎。参见韩旭:《完善我国刑事见证制度立法的思考》,载《法商研究》2008 年第 6 期。

二是诉讼地位不明确。见证人不具有诉讼参与人的诉讼地位,导致其在刑事诉讼中处于尴尬境地,突出表现为见证人的权利义务处于毫无保障的空白状态。如果没有相应的权利保障,见证人容易完全受控于邀请其的司法机关,而无法独立地完成见证职责。此外,见证人缺乏权利意识和保障条件,必然导致削弱其参与见证的热情,这也是司法机关难以及时找到适格见证人的重要原因。而见证人义务的缺失同样会造成见证人怠于认真履职,不自觉地成为“签章工具”。

三是见证程序不完备。《刑事诉讼法》对见证程序的规定可概括为三个词——“笔录、签字、在场”,没有一个法律条文规定见证人充分履行职责的正当程序。[①] 从司法机关制定的法律性文件来看,涉及刑事见证程序的规定也基本为空白。完整的刑事程序规则由实体性规则和实施性规则构成,实施性规则的基本结构形式是“谁来做,怎么做”,[②]然而我国刑事诉讼见证程序的实施性规则不完整,缺乏可操作性。包括见证人的产生方式、邀请形式、见证人身份的甄别、告知实施见证而必要的信息及应当注意的事项、见证人是否要表明身份、见证人的主要活动方式、见证人在何种情形下及采取何种方式可以提出异议、签署见证意见的格式及内容要求、见证人的诉讼权利遭受侵害时如何寻求救济、见证人违反见证义务所应承担的法律责任等一系列实施性规则亟待明确。

四是责任机制不到位。从责任内容来说,立法上采取“应当邀请见证人”的规范表述,表明见证人参与见证在特定诉讼活动中应属于义务性、强制性规定,但对违反规定应当承担的法律责任却缺乏全面的规定。从责任后果来看,虽然《刑事诉讼法》第 54 条规定了收集物证、书证不符合法定程序,可能严重影响司法公正的,应当予以补正或者作出合理解释,否则对证据应当予以排除。但对于未邀请见证人所获取的证据,是否属于严重影响司法公正而予以排除难以定论。[③] 即使证据被排除,由于对诉讼行为本身缺乏程序性制裁,也难以产生吓阻违法的约束作用和威慑效应。由于长期以来对见证人制度的轻视,有的侦查机关存在将见证人视为可有可无的点缀,甚至认为邀请见证人妨碍诉讼效率,没有对违反见证人制度的行为引起充分重视并加以规范。

---

① 参见王波、曾涌:《刑事见证人的相对固定化机制探讨》,载《人民检察》2016 年第 20 期。

② 参见锁正杰:《刑事程序的法哲学原理》,中国人民公安大学出版社 2002 年版,第 39—45 页。

③ 有关见证效力的规定,《刑事诉讼法》第 54 条只是一般性地规定了非法证据排除规则,不能完全解决见证人缺席的证据效力问题。《刑诉法解释》中关于物证、书证、勘验、检查笔录的审查规定仅规定没有见证人签名的“经补正或者作出合理解释的,可以采用”,但实践中,依然存在采取何种形式补正以及合理解释的限度问题。最高人民法院、最高人民检察院、公安部、国家安全部、司法部《关于办理死刑案件审查判断证据若干问题的规定》第 26 条规定,勘验检查笔录没有见证人的,应当结合案件其他证据,审查其真实性和关联性。这一规定表明即使没有邀请见证人,只要勘验检查笔录具有真实性和关联性,那么也不会被排除。对此,有学者一针见血地指出:应当对补正与合理解释进行限制与细化,对补正方法进行具体界定并作出严格限制。补正需以真实性为原则,不能制造假证。禁止“无中生有地增加见证人”等弄虚作假的行为。参见龙宗智:《两个证据规定的规范与执行若干问题研究》,载《中国法学》2010 年第 6 期。

二、完善刑事见证人制度的整体思路

关于如何解决当前我国刑事见证人制度的诸多问题，目前不乏各种角度的研究，从总体上看，可以围绕“刑事见证人制度是否应该保留”、“刑事见证人制度采取何种立法模式”以及“哪些人员可以担任刑事见证人”三大核心问题递次推进分析，力图解决认识分歧。

（一）变革而非废止：解决我国刑事见证人制度存废之争

鉴于当前我国刑事见证人制度效果不佳的运行现状以及相关问题，对于是否应该保留这项制度，存在以下三种观点：一是“完全取消论”。其基本观点是：司法实践中见证人制度可操作性差，仅仅具有形式意义，难以发挥实际效果；难以邀请到合格的见证人参与刑事诉讼；实践中，见证人也没有能力进行全程、全面的见证，建议以侦查人员出庭作证以及辅之以同步录音录像取代见证人制度。① 二是“部分取代论”。其基本观点是：建立以利害关系人在场参与为主、普通见证人见证为辅的见证制度。在场见证应为某些重要侦查行为合法的必要条件；考虑到具体的可行性和可操作性，在利害关系人能够在场的情形下，应首先考虑由利害关系人在场，若有特殊情况，如实在找不到利害关系人，才应当有见证人在场。② 三是“全面完善论”。持该论者主要从肯定刑事见证人制度对于我国刑事诉讼制度的价值及作用的角度，提出立法应当对见证人资格和见证内容、义务与责任等作出具体规定，同时探索见证人出庭制度等司法实务工作机制，对刑事见证人制度逐步加以完善。③ 我们认同第三种观点。理由是：以侦查人员出庭与录音录像技术取代见证人制度，这种思维显然犯了将见证人制度视为技术性操作措施的错误，没有认识到见证人制度具备的程序正义以及民主参与的独特价值。即使从功能的角度，侦查人员出庭的缺陷在于违背了不能依靠“自己证明自己犯错”的常识；同步录音录像也是由主导特定诉讼活动的一方控制，也难以防范摄录不全、重新编辑甚至剪辑篡改的可能，难以发挥见证人制度所具有的制约和证明功能。④ 承担刑事见证任务的人员必须具有中立性，利害关系人作为见证人则违背了这一基本要求，基于利益的相关性，也难以保证客观性。

（二）强制还是任意：域外国家解决刑事见证人制度模式选择

刑事见证人制度并非我国独有，考察域外国家的相关立法制度，从制度模式上主要

---

① 例如，有观点认为：犯罪现场勘查见证人制度存在与生俱来的缺陷，随着现代诉讼制度的发展，实行勘查人员见证模式以及细化现场视音频记录规定必将逐步取代见证人见证制度。参见李莉、杜龙：《对当前犯罪现场勘查见证人制度的思考》，载《法庭科学》2017 年第 2 期。

② 参见杜钘格：《论我国刑事侦查程序中的见证人制度》，载《贵州警官职业学院学报》2010 年第 4 期。

③ 参见吴丰胜：《立法司法“双重驱动”完善刑事见证人制度》，载《检察日报》2017 年 6 月 2 日。

④ 在项某武抢劫、故意杀人被宣告无罪案中，被告人项某武在侦查阶段的指认现场录像被法院排除，其中的理由包括“没有完整地对整个指认过程进行连续拍摄，而是存在多处镜头切换，画面中没有显示拍摄时间，无法确定切换镜头之间的时间间隔”。参见戴长林等：《中国非法证据排除制度：原理 · 案例 · 适用》，法律出版社 2016 年版，第 342—343 页。

有三种类型:一是强制见证模式。以俄罗斯利为典型代表。如《俄罗斯联邦刑事诉讼法典》第170条规定,对扣押财产、勘验程序、侦查试验、搜查、提取、监听等12种诉讼活动必须要有不少于2名见证人参加,并对因特殊原因没有见证人参加的例外情形作出了明确规定。[①] 二是自由(任意)见证模式。以法德为典型代表。如《德国刑事诉讼法》第105条第2款规定,搜查住房、办公地点或者有圈围的产业时,如果无法官、检察官在场的,在有可能的情况下应当请搜查区的一名市镇官员或者两名市镇公民作在场见证人。受请求在场的市镇公民不能是警察官员或者检察官的辅助官员。[②] 三是排斥见证模式。以美英为典型代表。以英国《警察与刑事证据法》第1—3条规定的阻止和搜查权力为例,对于这样一项显而易见有滥用权力空间的权力,虽然要求制作记录,但未见任何类似于见证人条款的规定。[③] 比较域外立法,我们可以得出如下启示:对见证人制度的取舍与一国的刑事诉讼制度模式有关,奉行当事人主义的英美模式主要通过司法令状控制侦查程序的实施,并以完善的侦查人员出庭以及非法证据排除规则实现对侦查程序的事后制约。而大陆法系基于职权主义传统,更加强调审前侦查的主导性,在制度设计上更加注重对侦查权的事中制约。有人认为,从长远角度来看,见证人制度会随着现行刑事诉讼结构的消失而丧失生存的土壤,最终被"裁判中心主义"下的警察作证制度所代替。[④] 笔者认为,从我国当前的诉讼制度特点来看,确实处于由流水作业式的侦查主导模式向审判中心主义转型,但这并不意味着见证人制度将要消亡,相反,吸收大陆法系国家对见证人制度立法的合理经验无疑更契合我国的司法传统和现实,也更符合按照审判中心主义的改革要求完善刑事诉讼程序建构的发展方向。[⑤]

(三)社会化抑或专职化:刑事见证人选任模式的分歧

目前,对于如何邀请见证人存在两种迥然不同的做法:一种是临时见证人模式。也就是通常采取的在需要见证人时,临时邀请见证人的做法。另一种是专职见证人模式。即建立一支专门的、职业的或者兼职的固定化见证人队伍。例如,国内部分地区公安机关专门聘请多名法律素质高、为人正直可靠、愿意配合公安机关工作的群众作为见证人轮流值班负责刑事见证。[⑥] 在此之外,也有观点提出,通过村民委员会和居民委员会为单

---

① 参见《俄罗斯联邦刑事诉讼法典》,黄道秀译,中国人民公安大学出版社2006年版,第156—157页。

② 参见《德国刑事诉讼法》,李昌珂译,中国政法大学出版社1998年版,第36页。

③ 参见[英]约翰·斯普莱克:《英国刑事诉讼程序》(第九版),徐美君、杨立涛译,中国人民大学出版社2006年版,第54—55页。

④ 参见黄少石:《现场勘查见证人模式的再思考——以俄罗斯体系为研究切入点》,载《江西公安专科学校学报》2010年第3期。

⑤ 正如有学者指出,以审判为中心最有力量的部分就在于强调刑事诉讼的整个过程都要体现权力的制衡,强化对侦查阶段程序的探究和正当程序的建构,正是以审判为中心的题中应有之义。参见张栋:《我国刑事诉讼中"以审判为中心"的基本理念》,载《法律科学》2016年第2期。

⑥ 如上虞市公安局的做法是聘请3名为人公正的公民为现场勘查专职见证人,实行二人24小时值班,一人轮流休息制度,并对他们进行业务培训。参见陈小良、俞锋:《试谈专职见证人制度》,载《刑事技术》2006年第3期。

位进行推选符合条件的人员作为专职见证人或者同级人大常委会法工委选任专职刑事见证人以此建立专职刑事见证人资料库,由办案负责人进行随机抽取来决定参与刑事见证的人选。[①] 我们认为,见证人的主体来源及产生方式固然要考虑办案中见证人适用频率、操作的便利性和介入诉讼活动的及时性,但也不能因此而忽视见证人制度本身所具有的功能定位和价值取向。临时见证人模式的缺陷在于,见证人的随机性和临时性导致难以及时邀请到合适的见证人,而且见证人初次接触刑事诉讼,对于如何履行见证职责也必然因生疏而导致无所适从。专职见证人模式能够克服人员难以固定的弊端,但如何保持办案单位自设见证人的中立性,防止见证活动本身的职业化带来对制度本身蕴含的民主参与价值的贬损也是难以回避的问题。[②] 据此,我们赞同相对固定见证人模式。其基本做法是:在临时见证人模式和职业见证人模式间寻找中间路线,由司法行政机关设立专门管理机构,根据本辖区案件数量、人口、地域、民族等因素合理确定见证人的名额及分布。由于见证人的使用频率较高,因此要保持一定的候选见证人数量,在选任资格的设置上不宜过紧。对见证人的培训主要由管理机构组织,负责初任培训、定期考核和专项训练,并采用分时轮班的方式根据需要派遣实施见证活动。[③] 目前宜由地方人大牵头,委托地方司法行政管理机关负责建立刑事见证人库,并将相关费用开支列入专项经费加以保障。[④]

三、完善刑事见证人制度的实践对策

(一)合理设定强制见证的适用范围

从完善立法层面,采取强制见证和任意见证相结合的模式,既要考虑强制见证中的例外情形,也要对强制见证的例外情形作出明确的实体和程序限制,防止例外成为常态。除了目前《刑事诉讼法》规定的勘验、检查、搜查、查封、扣押之外,对于辨认和侦查实验,也应纳入强制见证的范围。我们应当借鉴俄罗斯见证人制度立法规定,设置强制见证的例外及条件,规定具有下列情形之一,确实由于客观原因无法邀请符合条件的人员担任见证人或者不适合邀请见证人参加刑事诉讼活动的,应当经办案机关主要负责人同意,并在相关笔录材料中说明情况:(1)涉及重大侦查秘密,不适合见证人知晓的;(2)可能危

① 参见吴四江:《构建刑事见证人制度探讨》,载《宁夏社会科学》2010 年第 5 期。

② 作为民主参与司法活动典范的陪审员制度,实践中,人民陪审员的选任趋向于"固定化"或"专职化",培训的"法官化"和管理的"职业化"导致背离了大众化,制度目标异化的现象值得见证人制度引以为戒。参见廖永安、刘方勇:《人民陪审员制度目标之异化及其反思——以湖南省某市人民陪审员制度实践为样本的考察》,载《法商研究》2014 年第 1 期。

③ 参见王波、曾涌:《刑事见证人的相对固定化机制探讨》,载《人民检察》2016 年第 20 期。

④ 如江苏省常州市钟楼区人民检察院牵头区法院、区公安分局、区司法局建立了省内首个刑事见证人库,首批入选见证人库的共有 861 人,由高校、街道社区、义工组织的人员组成,并制定《刑事诉讼见证人管理办法(试行)》《刑事诉讼见证人参与刑事诉讼活动实施细则(试行)》等规范操作指引。

及见证人的身体健康或者人身安全的;(3)情势紧迫难以找到见证人,而不立即实施特定侦查行为存在证据灭失或者犯罪嫌疑人自杀、自残、逃跑等风险的。对上述没有见证人参与的情形,办案机关应当对刑事诉讼活动的全过程特别是证据的发现、收集、保管的完整过程实施同步录音录像。

(二)建立见证人资格审查机制与选任程序

见证人接受办案机关邀请现场参与特定的刑事诉讼活动,对办案机关实施的特定诉讼行为进行观察,证明特定诉讼行为的过程、内容以及结果,并在相关诉讼文书上签署见证意见以及签名或者盖章,因而应当将其纳入诉讼参与人的范围。见证人必须是与案件及案件的当事人无关的人,与案件有利害关系或其他关系,可能影响案件公正处理的人员都不能成为见证人。建议立法规定下列人员不得担任见证人:(1)未成年人;(2)生理上、精神上有缺陷,不具有相应辨别能力或者不能正确表达的人;(3)处于醉酒、中毒状态或者其他不具备见证行为能力的人;(4)被公安司法机关采取强制措施或者正在执行刑罚的人员以及曾经受过刑事处理的人员,包括被依法剥夺政治权利的人;(5)本案的诉讼参与人或者近亲属、亲属;(6)行使勘验、检查、搜查、扣押等刑事诉讼职权的公安、司法机关的工作人员或者其聘用的人员;(7)虽然不是办案机关直接聘用,但在办案机关工作,或者因本案而与办案机关之间存在密切关系,影响中立性和公正性的人员;(8)与案件有利害关系,可能影响案件公正处理的其他人员。为扩大社会参与,解决见证人不足的现实问题,目前可以采取由司法行政机关、人大共同选任当地符合条件的人员作为见证人,逐步建立完备的见证人信息库以及见证人管理机构。见证人管理机构根据办案机关的申请,从见证人信息库中随机确定见证人实施见证。

(三)完善刑事诉讼见证人的权利义务

刑事诉讼见证人的权利主要包括:(1)知情权。知情权是见证人的核心权利,见证人不能只见不证,对个案的刑事诉讼活动进行证明,要以能够了解和知晓见证到需要证明的内容为前提。因此,刑事见证人有权要求侦查人员向其明确所需见证事项以及出示刑事诉讼活动中发现、收集、提取和固定的相关证据。例如,《俄罗斯联邦刑事诉讼法典》第177条第4款规定:"所有在勘验时发现和提取的物品均应向见证人和勘验的其他参加人出示。"(2)核对笔录等法律文书的权利。见证人有权对见证现场形成的相关笔录等法律文书进行阅读、核对,发现内容与其见闻不一致时,有权提出异议,要求办案人员予以说明;当笔录内容与实际不符时,有权要求记录人员予以更正。办案人员无法合理解释的,有权拒绝在笔录上签字。(3)提出异议的权利。见证人在见证活动中对侦查活动合法性问题所提出的意见应当在笔录中如实载明。(4)获得安全保障的权利。对见证人的保护可以参照《刑事诉讼法》关于证人作证保护的相关规定执行。(5)获得经济补偿的权利。见证人因履行见证义务而支出的交通、住宿、就餐等费用,应当给予补助,造成的财产损失有权要求补偿。[①] 刑事诉讼见证人的义务主要有:(1)自始见证的义务。见证人一旦参与见证,没有特殊情况并经办案机关同意以外,必须完成全程见证任务,不得无故退出,擅自放弃见证职责。(2)尽职履行见证的义务。包括应遵守现场秩序,接受办案人员的合理指挥,不干扰办案人员正常工作,不破坏现场,不对犯罪嫌疑人施加不当影响,不随意接触现场物品等。见证人应当在现场细致观察,认真履行见证职责。(3)保守案件秘密的义务。保守见证过程中知悉的案件情况、国家秘密、商业秘密、个人隐私等或其他不宜公开的内容,未经办案机关许可,不得对外透露。(4)应当如实作证的义务。见证人不得在未经其本人参与见证的诉讼文书或者笔录上签署见证意见或者签名、盖章,当见证事项发生争议时,应当出庭如实说明见证的真实客观见闻。

(四)细化刑事诉讼见证程序的实施规范

具体而言,当办案机关需要邀请见证人参与特定的诉讼活动时,应当制作书面的邀请函,载明邀请的见证人姓名、单位、住址等基本信息,待见证案件的基本情况以及要求见证的事项、时间、地点等。办案人员应当告知犯罪嫌疑人在诉讼活动中有见证人在场,并在不危及见证人人身安全的前提下,告知见证人的基本身份,犯罪嫌疑人也有权要求见证人回避。见证开始前,办案人员应当主动向见证人说明需要见证的特定诉讼行为的性质、内容、过程以及目的;告知见证人应当注意的事项,并采取书面形式告知见证人的权利义务。在见证过程中,办案人员应当全面客观地向见证人展示特定诉讼行为的全貌,对现场发现和提取、保存的证据应当向见证人出示,如实答复和耐心解释见证人为实施见证所提出的合理问题,但与见证事项无关或者关系案件保密需要的事项除外。办案人员应当明确见证事项的具体内容并将见证人见证情况记入相关法律文书或者见证笔录。见证结束后,应当及时制作相关笔录或者专门的见证笔录,见证人应当仔细阅读笔录内容,针对不明的地方进行询问或者要求修改。经确认无误后,见证人应当书面签署见证意见,表明见证的基本过程以及有无违反法律规定或者其认为异常情况,并在相关法律文书上签字盖章。办案人员未让见证人签署意见或者未能如实反映见证过程和见证人意见的,见证人可以拒绝签名或者盖章。对于见证人拒绝签名的,办案人员应当在笔录中予以说明情况及原因。

(五)明确规定违反见证人制度的程序及实体双重法律责任

刑事见证人制度的相关规定不被重视甚至随意搁置,与违反规定的行为没有得到相应的制裁具有直接关系。具体而言,违反见证人制度的行为没有得到否定性评价,不影响所取得证据的证据能力,违法人员也未得到应有的责任追究。如果不对随意违反刑事

---

① 2004 年 8 月,俄罗斯颁布了《俄罗斯联邦关于被害人、证人及其他刑事诉讼程序参加人国家保护法》,见证人也在保护之列,除了各种人身保护之外,将"被保护人由于参加刑事诉讼程序而致使其受到财产的损失"作为"社会援助措施"之中加以保护。参见潘效国译,刘红岩校:《俄罗斯联邦关于被害人、证人及其他刑事诉讼程序参加人国家保护法》,载《环球法律评论》2009 年第 4 期。

见证人制度的行为明确违法性质并落实制裁和责任追究机制，非但难以确保实体结果的公正性和合法性，程序法自身的独立价值也将随之消弭殆尽。从实体性责任层面，违反刑事见证人规定的行为要根据其违法程度和造成后果的严重性，给予刑事责任追究和行政纪律处分制裁。鉴于实体性责任机制的局限性，[①]还需要研究对违反刑事见证人制度的行为如何实施程序性制裁的问题。[②] 在我国，针对审判之外的诉讼行为所实施的程序性制裁只有非法证据排除规则。[③] 实践中，违反见证人制度的表现比较复杂，违法程度也轻重有别，并非任何违反刑事见证人制度的诉讼行为及其证据都应绝对排除。对于违反刑事见证人制度的程序性制裁，应采取对诉讼行为本身进行合法性评价与证据排除规则相结合的做法。首先，应区分违反见证人制度的行为属于形式意义上的违法还是实质意义上的违法。仅仅只是违反见证人制度的形式要件，如笔录上签名不全，或者未及时签名，未邀请见证人但符合例外情形规定只是没有在笔录中说明，未记录见证人意见但不影响诉讼活动本身的合法性与客观性等轻微违反程序法规定的行为，可以要求办案单位予以补正或者作出合理解释，体现对轻微违法的容许性和可修复性。其次，如果实质上违反了见证人制度的强制性规定，如应当邀请见证人而未邀请或者通过代签的违法手段伪造见证人在场等违法行为，应确认诉讼活动违法。但对于违反见证人制度的诉讼活动所获取的证据，是否作为非法证据排除，可以区分不同的情形予以处理：对于刑事辨认、侦查实验等以特定诉讼活动的过程来确定某种结果或者结论与犯罪事实的关联性，虽然并不属于言词证据，但也有别于实物证据，违反了见证人制度，属于严重侵犯程序权利的证据，即使实体真实，也应采取绝对排除原则。对于搜查、勘验等获取的实物证据，应当结合现场同步录音录像等其他证据，审查该证据的客观性和关联性，采取裁量排除模式，除非采纳该证据将严重影响司法公正，否则不予排除，但违反见证人制度的相关笔录，不得作为定案根据。

---

① 实体性制裁措施的局限性主要体现在：实体责任范围的有限性决定了并非所有违反刑事程序法的行为都可以追究实体责任；当前追究实体责任的主体本身通常与被追究的违法行为之间具有利害关系，难以做到客观中立，实践中的追责效果也并不理想。参见黄士元：《以程序性制裁弥补实体性制裁之不足》，载《法学论坛》2005 年第 5 期。

② 对于违反刑事诉讼程序的违法行为实施程序性制裁，学界在可行性方面基本都达成了共识，但对于程序性制裁的作用及局限性的不同认识，形成对程序性制裁在我国适用的范围、方式及其局限性克服的分歧。参见陈永生：《刑事诉讼的程序性制裁》，载《现代法学》2004 年第 1 期；蒋鹏飞：《刑事诉讼程序性制裁机制之弊端及其应对》，载《中国刑事法杂志》2010 年第 12 期。

③ 参见陈瑞华：《程序性制裁理论》（第二版），中国法制出版社 2010 年版，第 104—185 页。

交叉询问制度之初探

徐子良*

摘要:在庭审实质化的大背景下,交叉询问制度这一源自英美法系的诉讼制度被纳入了视线范围,但对于其产生的机理、含义、配套制度也需要进一步地审视清晰。特别是在具有职权主义审问制传统的我国,在强调对当事人权利的保障和发现案件真实的证明技术手段上,交叉询问制度对于庭审规则秩序的构建和以审判为中心的诉讼制度改革都具有一定的借鉴意义。

关键词:交叉询问　规则构成　制度构建

交叉询问制度是英美法系刑事诉讼中重要的审判制度和证据规则,集中体现了对抗式诉讼模式的特征。在英美法中,由于被告人也属于广义上的证人,故交叉询问的对象是包含被告人在内的诉讼当事人。根据《元照英美法词典》中的定义:"交叉询问是指在庭审程序中,一方当事人对对方提供的证人进行的询问。反询问应在提供证人的本方对该证人进行主询问之后进行,目的在于核查证人的证言或质疑证人及其语言的可信性,如指出证言与证人先前所作证言中的矛盾之处,向证人提出疑问,诱使证人承认某些事实亦削弱证言的可信性等。"①该制度起源于英美法系的法庭调查程序,体现了直接言词原则。交叉询问制度在实践中予以广泛运用,不但有利于发现案件事实真相,更重要的是可以更好地实现辩护价值,有效地保证了控制犯罪与保障人权的平衡。

一、交叉询问的基本含义

从英美法实践来看,交叉询问制度通常是指有关双方当事人对证人盘问时必须遵循的一整套规范。庭审中,询问首先由申请提出该证人的一方律师对该证人进行,称为"主

---

* 徐子良,江苏省无锡市新吴区人民检察院副检察长。

① 薛波主编:《元照英美法词典》,法律出版社 2003 年版,第 354 页。

询问”；其次，由对方当事人的律师对该证人进行询问，称为“反询问”；再次，最初询问证人的当事人或律师还可以对证人进行再询问，称为“再主询问”；最后，再主询问以后，也允许实施反询问的当事人或律师再次反询问，亦称为“再反询问”。交叉询问有着固定的顺序排列，证人调查方法是一种问答式，而不是叙述式。反询问的主体是提出证人的一方的诉讼相对方。交叉询问的目的，是通过向证人提出问题由证人回答，当证人在被询问中所做的证言显得不真实、不准确或者前后矛盾时，法官或陪审团对该证人证言的可信性就会产生怀疑。根据证据规则，反询问的范围宽于主询问，比如主询问不能提出诱导性问题，而反询问则是可以提出诱导性问题。

交叉询问制度中既有技术属性，也有权利属性，其包含三层含义：首先，它是由主询问、反询问、再主询问、再反询问等诉讼行为依次构成的法庭调查制度，具有次序性、对立性和互换性。其次，它是具体的诉讼行为，即对本方或对方提出的证人所进行的盘诘。通常情况下，任何一方所申请出庭的证人都是有利于己方的证人，往往会配合询问者的提问，故一般禁止诱导性发问。但在反询问场合，对方证人一般是作不利于询问者的回答，此时，应允许询问者采用诱导性问题。针对不同的询问对象，询问人的问话方式有着严格的限制性规则，同时又有多样的例外情形。最后，交叉询问制度也被视为取得质证权的表现形式，具有重要的正当程序意义。尽管纠问式庭审模式同样也能发现事实，甚至有时更加有效，但是，交叉询问制度对被告人的权利保障体现得更加充分，对正当程序原则贯彻得也更加彻底。

二、交叉询问制度的理论基础

一项诉讼制度的产生往往有其根植的渊源，交叉询问制度亦可以从中找寻出其构建的理论依据。

（一）当事人主义模式

英美法系刑事诉讼程序采取双方当事人对抗方式，以当事人为主，法官只起消极的居中裁判作用。当事人主义在刑事诉讼中的重要特征是程序的“当事人推进主义。”当事人推进主义系指刑事诉讼程序的启动、推进、节奏以及终结由当事人主导进行，法官保持消极、中立的地位，一般不参与证据的收集和调查，也不单独提出证据，甚至极少对证人进行询问。而检察官和辩护律师控制、主导证据的提出以及事实的调查程序，并对对方证据进行反驳和证伪。

（二）被告人质证权理念

刑事质证是指在庭审过程中，由控辩双方对所举证据采取说明、反驳以及交叉询问等形式，对证据的客观真实性、关联性、合法性进行核实，以确定其证明力大小的诉讼程序。质证权包括以下权利：（1）出席法庭审判的权利，即到场规则，指被告人及其辩护人必须到场和控方及其证人必须到场。（2）与控方证人面对面的权利，即被告人有权要求与提供对其不利证言的证人面对面,且就证言提出异议的权利。在刑事诉讼中,控方能够掌握的证据通常远多于辩方的证据,这时,辩方可以充分利用诸如诱导询问、迂回询问、重复询问等策略,通过对控方证人的反询问来获得有利于己方的证据,以增强本方的防御力量,削弱控诉攻击能力,从而最大限度地实现控辩双方力量的平衡。

(三)相对主义理论

所谓相对主义理论,是指不管某种观点看起来多么正当有理,也都必须允许另一方意见的存在。根据诉讼的性质,需传唤谁为证人及如何对其进行询问,当事人最清楚;同时,如何辨识证人证言的真伪,则对方当事人最清楚。刑事案件的事实真相不应单纯地由一名裁判官员独自主动地去探究,而应放手让与案件结局有直接利害关系的诉讼双方乃至多方当事人从有利于自己的角度出发,通过平等的对抗而得以揭示。

三、交叉询问制度的规则构成

(一)证人分类法则

交叉询问有一个前提,就是在交叉询问前期就要对证人进行分类。按照证人提出人以及证言的有利方向将证人分为控方证人和辩方证人。刑事诉讼中,控方证人由控方在举证阶段提出,并由起诉方检察官做主询问;辩方证人由辩方在举证阶段提出,并由辩护律师做主询问。这一法则衍生出一些其他法则,如禁止对本方证人进行诱导询问,不得质疑本方证人可信性等。

(二)传闻证据排除规则

传闻证据是指证人在法庭以外的陈述或者是非亲身经历对他人陈述的转述。英美法系中,如无例外情况,传闻证据是不可采纳的。排除传闻证据的主要理由是它的可信度低、不可靠和它不能经法庭询问。① 由于受到认识能力的限制,往往在询问者措辞的影响下,证人证言的真实性、准确性有待商榷,此时,单凭书面的证人证言判断案情是缺乏可靠性的。

(三)禁止诱导性主询问法则

诱导性询问是指示证人如何回答或将问题的答案嵌入问话的一种询问方式。一般是通过封闭性的问题,限缩证人的答案,如只让证人回答“是”或“不是”,通过策略性地引导,将对方证人诱导至可能令人产生怀疑的场合。禁止诱导询问法则通常只适用于主询问,不适用于反询问,因为主询问的目的在于建立对己方有利的主题事实,由于己方证人较易配合主询问人的问话而作答,所以应该避免证人附和主询问人编造情节,从而扭曲事实。在主询问和再主询问中一般禁止提出诱导性问题,原因有三:第一,诱导性询问可能引发对案件的错误回忆,使证人不能准确反映自己所看到或知道的真实情况;第二,诱

---

① 参见沈德咏主编:《刑事证据制度与理论》,法律出版社 2002 年版,第 555 页。

导性询问可能分散证人对重要细节的注意力，只关心询问者感兴趣的部分；第三，诱导性询问可能在证人不理解的问题上草草作答，使其默许诱导性的假设。由于诱导性问题本身即包含着答案，对证人具有强烈的暗示作用，而主询问和再主询问的功能主要在于阐述清楚案件的事实基础，因此一般不允许提出诱导性问题。

（四）证据调查规则

证据调查规则包括：（1）相关性法则，即要求询问的问题与案件有实质性联系并对案件事实有证明力。相关性的判断往往依据法官对所提证据的感觉，这种感觉的基础是他们的经验、常识以及对事实转变方式的认识。（2）反对复合式及其他混乱性问题的规则。为了保证证人清楚和完整地回答问题，控辩律师的询问必须保持问题的简洁和清晰。在问答式询问中，应采单一式问答，即以一个问题询问一个事项为准，不得提出那些可能使证人产生迷惑与误解，或者缺乏逻辑前提造成逻辑混乱的问题。（3）意见规则。要求证人作证只能陈述自己经历的过去的事实，而不能将自己的判断意见和推测作为证言的内容。除非某一意见合理地建立在证人的感觉之上，而且对清楚理解该证人的证词或确定争议中的事实有益。

四、交叉询问中的主要技巧

交叉询问主要有两个目的：一是通过打击对方的证人证言或其他证据、减损对方证明行为或证据材料的证明力来质疑对手；二是用对方证人的证言或从中获得的有利证据来支撑自己构建的案件事实。在具体的询问过程中，反询问一般从五个方面达到质疑证人或其证言的目的：（1）表明证人具有某种偏见、敌意、动机或者收受利益以至于证人可能伪造或掩饰其证言以帮助或损害一方当事人；（2）表明证人在感知、心智方面存在缺陷以至于可能影响其证言；（3）表明证人有不诚实的性格特征；（4）表明证人当庭证言与以往证言存在不一致；（5）通过证明证人在证言中出现错误直接反驳其证言。① 此外，对于专家证人，还可以从其专业资质、专业能力以及其研究是否与本案专门问题相关等方面开展反询问。

反询问的核心任务是引导法官和陪审团质疑对方证人，因此强调要精心准备，整理好询问思路，明确重点和争点，有时也要随机应变、适可而止，多一次发问就多一次风险。如把最重要的问题放在第一个，次重要的问题放在最后，给法官和陪审团留下深刻印象。在发问方式上，反询问虽然允许诱导性发问，但也要适度，否则重要信息均来源于发问者，不利于法官和陪审团形成内心确信。要尊重证人，发问时不可咄咄逼人，避免与证人发生争执，以免引起法官和陪审团的反感等。②

---

① 参见彭东主编：《国家公诉人出庭指南》，法律出版社 2013 年版，第 80 页。

② 参见裴显鼎等：《美国交叉询问制度的考察报告》，载《刑事审判参考》（总第 108 集）。

具体在实践中可以有以下技术性内容:(1)运用封闭性问题进行引导性发问;(2)让对方证人习惯于回答“是”或者“不是”;(3)一个问题仅包含一个事实;(4)始终保持耐心和情绪平和;(5)不要问“如何”“为何”之类的问题;(6)不要问自己不知道答案的问题;(7)不要重复或扩展对自己不利的证据或事实;(8)不要问同一个证人太多的问题;(9)不要在交叉询问中下结论或者进行价值判断;(10)除非逼不得已,尽量不要寻求法官的帮助;(11)除非逼不得已,不要轻易直呼对方证人为骗子;(12)要尽量按照陪审团喜欢的方式对待证人。①

五、我国引入交叉询问制度之借鉴

(一)大陆法系国家引入交叉询问制度之现状

“二战”后大陆法系国家借鉴英美制度,在刑事诉讼法中规定了一些交叉询问制度,但总体而言并未能充分发挥其效用。例如,德国允许控辩双方在法官询问后进行交叉询问,但这一条款基本不能发挥效用,其主要原因在于在法官主导并直接调查的情况下,对当事人的补充性交叉询问有一种天然的排斥。日本在当事人主导的基础上引入交叉询问制度,也未能发挥预期的效果,主要原因即在于证据开示程序不彻底,没有陪审团而由专业法官审判,法官往往以直接调查为必要手段,以及使传闻规则的例外常态化,造成书证中心,等等。由此,不难看出职权主义审问制主要立足于裁判事实国家垄断的诉讼传统、实质真实的诉讼价值观以及以实证为导向的积极心证,这与交叉询问的内在机理存在较严重的冲突。当事人主义所倡导的形式真实、法律真实、司法竞技等诸理念,与职权主义秉持的客观真实、实质真实、职权判定等形成尖锐的矛盾。② 因此,职权主义代表性国家对引入交叉询问制度均持十分谨慎的态度。此外,从总体上来说,交叉询问制度对诉讼效率是有负面影响的,容易造成诉讼拖延,从而增加当事人的诉累。

(二)我国刑事诉讼未能全面适用交叉询问的原因

通常,质证模式可以分为纠问式、控辩式和混合式三种,我国的刑事诉讼质证模式就具有混合式的特征,法官在质证时的地位作用较为突出。我国《刑事诉讼法》粗略地规定了被告人的质证权和交叉询问相关技术规则。如《最高人民法院关于适用〈中华人民共和国刑事诉讼法〉若干问题的解释》(以下简称《刑诉法解释》)第 212 条规定:“向证人、鉴定人发问,应当先由提请通知的一方进行;发问完毕后,经审判长准许,对方也可以发问。”与英美法中的交叉询问制度相比,我国交叉询问制度的一系列配套制度或是缺如,或是不相兼容。(1)当事人主导原则的贯彻程度不同。交叉询问是以当事人主导为前提,法官虽然有义务把握诉讼进程,为了发现真实和实现效率而控制举证的方法、节奏。

---

① 参见张亮:《交叉询问的主要目的与基本规则》,载 http://www.360doc.com/content/。

② 参见施鹏鹏:《职权主义传统国家不宜全盘引入当事人主义模式》,载《检察日报》2018 年 9 月 11 日。

但在交叉询问中,攻击防御是在当事人之间展开,询问方法和策略的采用均系当事人自己。因此,为保证交叉询问的效力,必须通过贯彻当事人主导原则为控辩双方创造比较充分的活动空间,法官只能凭规则约束,不能过分干涉。而我国《刑诉法解释》第215条规定:"审判人员认为必要时,可以询问证人、鉴定人、有专门知识的人。"交叉询问制与审问制并存,限制了交叉询问的适用效力。(2)陪审制度的存在与否。英美法中陪审团作为事实审理者,完全是以一种"听证"的方式去发现事实,这就为当事人实施攻击防御以其主张影响事实审理者留下了充分的余地。然而,如果不采用陪审团审理方式,而由专业法官审判认定事实并适用法律,法官往往难以避免在事实查证方面的积极作为。因此,即使控辩双方在交叉询问中费了大量口舌,但法官经常感到仍需要重新询问,从而浪费了时间,拖延了诉讼。(3)以人证调查为中心还是以书证审查为中心。在法庭证据调查中,以人证调查为中心展开调查,才能发挥交叉询问在证据调查中的基础性和决定性作用。同时,贯彻排除传闻证据规则,要求证人出庭作证,是交叉询问发生效用的基本前提。否则,对书面证言无所谓交叉询问。[①] 而我国刑事诉讼中,直接人证调查的有限性以及辩护制度没有全面普及,均缩小了交叉询问的适用范围。

(三)我国刑事诉讼中交叉询问制度的构建

1. 交叉询问应由"技术方法型"向"权利技术型"转化。所谓"权利技术型",是将交叉询问作为保障和实现权利的一种技术,其中当然包括社会公众权利的保护,同时也强调对被告人权利的保障。而"技术方法型"交叉询问,则是从庭审发现真实的需要来把握交叉询问,这就造成有利于真实发现时交叉询问是必要的,如果某些时候有碍于真实发现,或者有时可能以其他方法,包括采用书面证言的间接调查方式的采用也可以达到目的,那么交叉询问就可以被抑制和取代。因此,如果要发展完善我国的交叉询问制度,强化程序保障和公民权利意识,需要将交叉询问由技术方法型向权利技术型转化。

2. 确立交叉询问采用相对争辩方法和质疑技术。交叉询问的目的主要是指出证人证言的缺陷或质疑对方证人的可信度。这种方法经过经验验证和技术分析被认为是法庭质证最有效的方法。目前需要设置这一制度的运行条件:首先,强化证人出庭制度,创造条件逐步扭转我国刑事诉讼绝对的"书证中心主义"的局面,从而为质证即交叉询问创造起码的前提。其次,通过法律解释对交叉询问的一些基本要素作出明确规定。如将控辩方的询问明确划分为主询问与反询问,对反询问的范围和方法、再次主询问与反询问方式、可由传唤方终结询问等问题作出规定。最后,可以考虑改变庭审举证程序规定,允许以人证调查为中心和主线展开证据调查,物证、书证均来自于人,因此可以作为附带证据提出,从而使交叉询问在证据调查中的基础性和决定性作用得以发挥,同时使直接、言词原则得以切实贯彻。

---

① 参见龙宗智:《论我国刑事审判中的交叉询问制度》,载《中国法学》2000年第4期。

3. 关于引导性发问的规制。《刑诉法解释》第 213 条明确规定:“向证人发问应当遵循以下规则……(二)不得以诱导方式发问……”对诱导性发问采取了绝对禁止的做法。而最高人民检察院《人民检察院刑事诉讼规则(试行)》第 438 条规定:“讯问被告人、询问证人应当避免可能影响陈述或者证言客观真实的诱导性讯问、询问以及其他不当讯问、询问”,对此并未完全限制诱导性发问。其实,诱导性发问,域外也称为引导性发问,在刑事诉讼过程中仍然有其适用的场合和价值。从国外司法实践来看,如果是控方询问控方证人,控方只能用开放性的问题,帮助他把事实一步一步讲出来。而如果是被告人的律师盘问控方证人,开放性、引导性的问题都能利用。假如换到被告人要传召他的证人,辩方律师应该用开放性的问题去问辩方证人,而控方同样可以任意使用开放性、引导性的问题。在我国刑事庭审过程中,控辩双方经常就是否存在诱导性发问而发生冲突,由于对诱导性问题规则不甚明了,法官对于控辩双方所提的“反对意见”往往也感到难以评判,容易造成庭审秩序混乱。

以我国庭审中对被告人讯问为例,一审法庭讯问先由公诉人讯问被告人,当被告人认罪时,公诉人对被告人的讯问具有证据展示的效果,这时,公诉人的讯问应当采用开放式发问,由被告人自行对案件事实进行供述。但在被告人不认罪或者有较多辩解时,此时应将其视为“辩方证人”,针对被告人的实际供述或辩解尚不清楚,公诉人不宜直接以引导性发问讯问被告人,可以先暂停发问,待辩护人发问后,公诉人可以在补充讯问环节采取引导性发问。而辩护人对不认罪被告人的发问实际上具有主询问的特点,如果允许引导性发问,实际可能会影响被告人供述的真实性,因此辩护人不能对被告人使用引导性发问也是合理的。另外,控辩任意一方盘问己方证人的时候,仅可以使用开放性问题。控辩双方盘问对方证人的时候,可自由选择开放性发问或引导性发问。同时,庭审法官、检察官和律师应当学习反诱导规则的法理,懂得何为严重违法,何为轻微违规,这样有助于庭审中适当处置相关问题。

4. 确立交叉询问的一般技巧。香港大律师张耀良对交叉询问曾总结出十大规则:第一,发问的时候,要尽量简洁、简短、简明。第二,尽量用一些容易懂的、通俗的语言。第三,尽量用引导性问题,不能用误导性问题。第四,认真小心听证人回答,听清楚他们的回答。第五,除非真的没有选择,尽量不要问不知道答案的问题。第六,发问的时候,尽量不要让证人有机会解释。你只要问他,你什么时候做过什么事情,不要问他为什么这样做。第七,在审理的过程中,千万不要跟证人争吵。第八,如果证人说过一次对己方不利的一些证言,最好就不要问了。第九,按照上述原则,如果一些证人说了一些对你有利的话,也不要再重复。为什么?如果对方的一些证人,说了是对你有利的话,也许他没有想清楚,你不要再给他机会纠正。不要重复同一个问题,无论是对己方有利的还是不利的。第十,不要把发问问题与发言陈词搞在一起。“他山之石,可以攻玉”,关于交叉询问的技巧也需要在实践中不断加以丰富完善。

试论消费者权益保护公益基金的建立与完善

杨学飞*

摘要：消费者权益保护公益基金属于公益基金之一种，是为了维护和促进消费者权益而设置的专项资金。消费者权益保护公益基金的建立和完善有利于为消费公益诉讼的顺利开展提供制度支撑。公益基金在实践中主要有基金会与公益信托两种运作模式，二者各有其特点和优势。就消费者权益保护来说，基金会和公益信托两种模式可以根据具体情况灵活选择，以充分发挥两种制度造福社会的功能。

关键词：消费者权益　公益诉讼　基金　信托

一、引言

市场经济乃是以消费为导向的经济形态，经营者之生产与消费者之消费为一币之两面，两者循环衔接无碍，社会经济才能正常运行。消费者购买商品与服务的目的在于满足生活消费之需要，而经营者生产商品与提供服务的目的在于最大限度地追求利润。两者诉求不同，立场各异，虽因市场而联系在一起，产生矛盾与纠纷也在所难免。如何维护人数众多，甚至难以确定范围的消费者的合法权益，就成为一大难题。于是，消费公益诉讼被人们设想和提出，并成为在消费时代中维护众多消费者权益的司法利器。

根据我国现阶段法律规定，对于侵害众多消费者合法权益等损害社会公共利益的行为，检察机关以及消费者协会可以向法院提起公益诉讼。近年来，消费者协会和检察机关确实提起了不少消费民事公益诉讼，既在一定范围内维护了广大消费者的合法权益，也使新确立的公益诉讼制度得到了司法实践的检验，取得了很好的社会效果。检视司法实践样本可以发现，尽管消费公益诉讼制度整体运行效果良好，但在制度建设上仍然存在一些需要继续讨论和设计完善的地方，诸如公益诉讼案件的执行、公益基金的配套等。

* 杨学飞，江苏省人民检察院第七检察部助理检察员。

本文拟就消费者权益保护公益基金的相关问题进行一些思考和探讨，以就商于学界同人及法律实务界专家。

二、消费者权益保护公益基金的理论分析

对于基金，《布莱克法律辞典》的解释是："为某种特定目的设置的一笔资金或其他流动资产。"根据设置目的的不同，基金可以分为投资基金和公益基金。前者以投资收益为目的，如证券投资基金等，后者以从事社会公益为目的，如环保基金、扶贫基金等。消费者权益保护公益基金，是为了维护和促进消费者权益而设置的专项资金，其受益对象为不特定的消费者，毫无疑问属于公益基金之一种。在消费日益成为拉动经济增长的"三驾马车"中最关键力量的当下，通过设置公益基金的方式来保护和促进消费者权益，在理论上有其必要性与正当性。

（一）消费公益诉讼中社会公共利益的损害与维护

公共利益虽然是一个使用广泛的概念，而其内涵却又不是十分明晰，本身随着经济社会、文化传统乃至地域风俗的不同而有调整和变化。古今中外的不少学者都对这一与人群共同体密切相关的概念进行过研究和论述，虽然言人人殊、莫衷一是，但大多同意凡公共利益一般具有不可分性、非排他性和不确定性三个特点。公共利益的内容和受益对象都具有相当的不确定性；辐射范围比较广泛，在较大范围内为人们所认可；是对多数人有价值的利益，其超越了任何个体利益，具有公共性。①

在商品经济社会中，每一个市民个体无论从事什么职业，哪怕本身就是商品经营者或服务提供者，但其一旦到市场上购买商品或接受服务，就摇身一变而成为消费者。可以说，消费者是每一个市民在现代社会所承担的诸多身份中所必有之一种。在涉及众多消费者的侵权案件中，由于信息占有的不对称、经济实力差距巨大等因素，处于原子般分散状态的消费者根本就无法与经营者相颉颃。就某一个具体的消费者来说，可能其涉及的价款并不多，但是购买不合格产品的消费者总数极为庞大，总价款却十分惊人。就权利救济或提起诉讼的层面来说，单个的消费者所能得到的利益并不多，但从违法经营者不当获利的可能性来看，如果无人或者只有极少的人主张权利，那么该不法经营者最终将会从其违法行为中获得大量的不当利益。消费公益诉讼则解决了这一难题，它是以处于弱势的人数难以确定的消费者群体为受益对象。虽然在某些情况下，在某一个具体的案件中，可能消费者的人数也能够确定下来，但由于其本身具有典型性，代表了某一特定产品、服务或某一类产品、服务的消费者群体，案件的具体审理不仅有关于本次纠纷的当事人，而且对以后同类纠纷的消费者都会产生辐射利益。因此，这部分消费者的利益，也应视为公共利益的范畴。

---

① 参见潘申明：《比较法视野下的民事公益诉讼》，法律出版社 2011 年版，第 27—28 页。

由消费公益诉讼而获得的损害赔偿金,本身包含有超出违法经营者不当得利数额的制裁和惩罚,以及潜在的权益受损却没有或不愿提起诉讼的消费者的补偿。在支付有明确受害人的赔偿后,利用剩余的款项成立公益基金,继续从事该领域消费者权益的发展和维护事业,就成为思考和努力的方向与目标。由此可见,不仅消费公益诉讼的提起关乎公共利益的维护,相关基金的建立也就自然成为题中应有之义。

(二)消费公益诉讼中损害赔偿的威慑预防功能

消费公益基金的资金来源主要是消费侵权案件中违法经营者支付的损害赔偿金,而立法者规定损害赔偿金制度,尤其是惩罚性的损害赔偿金制度,其立法本意无外乎追求一种威慑预防以及补偿的功能。法律通过设置两倍、三倍乃至十倍的惩罚性赔偿金,目的在于剥夺违法经营者因违法行为所获得的不法收益。只有当赔偿金的数额等于或者大于其不法收益时,才能使得经营者无法从自己的违法经营行为中获益。违法经营者承担的不利法律后果必须足以达到产生威慑的程度,使其最终不敢、乃至不愿再从事此类违法行为。同时,惩罚性赔偿金的支付也会向社会上其他的经营者传递一种信息,即任何侵害消费者合法权益的行为都是违法行为,都将受到法律的严厉惩罚,从而使潜在的违法者从中受到教育和威慑,消除违法的思想根源,养成良好的规则意识,最终成为诚实守信、合法经营的市场主体,市场秩序由此得以维护,经济环境也最终得以净化和规范。

在大规模工业化生产条件下,产品销售范围通常极为广泛,故受不合格商品侵害的消费者群体往往也极为庞大,其人数和范围甚至难以确定。除非是对人身健康、财产安全造成了重大损失,很多消费者出于时间精力、成本收益及信息掌握等方面的原因,可能根本不会对不法经营者提出诉讼。这就使得违法行为所造成的外部社会成本未能有效地内部化,容易使违法经营者心存侥幸,为其继续实施违法行为留下空间。惩罚性赔偿金的引进正是考虑到此种情况,让违法经营者所支付的高额赔偿金中隐含了其他权益受到侵害而未提起诉讼的消费者的补偿。对于违法的经营者来说,判处惩罚性赔偿金虽然可以发挥威慑和预防的功能,但对于权益被侵害的消费者,尤其是那些未曾向公权力机关主张权利的消费者来说,获得相应的救济与补偿却并非水到渠成之事。可能有大量权益被侵害的消费者未提出诉讼,最终判处的惩罚性赔偿金也难以与相关消费者一一对应,惩罚性赔偿金的救济与补偿功能并未得以彰显,正义还差最后一公里。于是,利用消费公益诉讼案件中判处的赔偿金来设立消费者权益保护公益基金就成为补上最后一公里正义罅隙的替代手段。

(三)消费公益诉讼中的损害赔偿金分配的合理性考虑

传统的民事诉讼遵循利害关系原则,即要求提起诉讼的原告须与本案有直接利害关系,公益诉讼的引入则突破了这一限制,提起公益诉讼的主体可不与案件有利害关系。有人根据诉讼利益的不同将公益诉讼分为具有直接利害关系的公益诉讼和不具有直接利害关系的公益诉讼,认为前者的发动者与案件本身具有一定的利害关系,即虽然其主要是为了公益，但同时还附带有自身的私益在内。后者的发动者本身与案件没有任何的直接利害关系，而是完全依据法律的授权，出于维护公益的初衷而提起诉讼。[①] 因此，不具有直接利害关系的公益诉讼也可以称为纯粹公益诉讼，而具有利害关系的公益诉讼可以称为不纯粹公益诉讼。

按照我国现行法律规定，目前可以提起消费公益诉讼的主体仅限于消费者协会和检察机关。一般来说，消费者协会和检察机关不能成为法律意义上的消费者，其对经营者侵害众多不特定消费者合法权益或者具有危及消费者人身、财产安全危险等损害社会公共利益的行为提起诉讼，可以说完全没有自己的私利。由于没有直接利害关系，对于经营者在诉讼中所支付的赔偿金，消费者协会和检察机关自然无权占有和支配。即使将来我国法律对公民个人提起民事公益诉讼予以放开，但考虑到公益诉讼中被告支付的赔偿金数额具有惩罚性，除了原告受到的损失外，还包括有潜在受害人及社会公共利益所受到的损失。作为原告的公民在获得充分的赔偿后，剩余的赔偿金就应当通过归入公益基金等合理的途径来对潜在受害者和公共利益进行补偿。

三、消费者权益保护公益基金的运作模式

对于公益基金的运作模式，实践中主要有两种，即基金会模式与公益信托模式。这两种运作模式各有其特点与优势，下面分而论之：

（一）基金会模式

《世界基金会指南》对基金会的定义被普遍认为具有权威性，它认为基金会是一个非政府、非营利的组织，它有自己的资金，由其受托人或者董事会管理，旨在资助教育、慈善、宗教等社会公益事业。[②] 按照我国《民法总则》的分类和规定，基金会为捐助法人，是为公益目的以捐助财产设立，具备法人条件，经依法登记成立的非营利法人。

作为非营利法人，基金会必须以公益为目的，其主要的对外活动就是将所接受的捐助财产用于实现特定的公益目的。基金会须取得捐助法人资格，经依法登记成立，才能从事相关业务活动。基金会以财产集合为中心，没有自己的成员或会员，其管理者仅能依据章程规定进行管理和运作，管理者的变动不影响基金会的法律人格和存续。管理者本身并非基金会的成员，对基金会不具有剩余索取权。

（二）公益信托模式

信托是委托人为了特定的目的，将其财产委托给受托人，由受托人以其自己的名义，按照委托人的意愿进行管理或处分的行为。不少公益基金采用信托的方式对资金进行管理运作，这不失为一种智慧的处理方式。除了具有信托的一般特征外，公益信托还具

---

① 参见陈阳：《检察机关环境公益诉讼原告资格及其限制》，山东人民出版社 2009 年版，第 19 页。

② 参见吴锦良：《政府改革与第三部门发展》，中国社会科学出版社 2001 年版，第 295 页。

有自己的独特之处:公益信托目的必须具有公益性,我国《信托法》第60条规定了属于公益信托目的的七种情形,包括扶贫、救灾、教育、医疗、环保等公益事业。公益信托的受益人具有不特定性,虽然按照信托合同最终也能确定具体的受益人,但这些所谓的受益人在权利上与私益信托中的受益人有所不同,受到很大的限制。公益信托目的具有排他性,其目的完全彻底地属于公益目的,而不能包括任何非公益目的。

(三)两种模式之比较

消费者权益保护基金是采用基金会这种捐助法人的方式,还是委托给专业组织的信托方式,关键是看在具体条件下,哪一种方式更为合适。两种方式虽然都能实现保护消费者权益、促进社会公共利益的目的,但也存在明显的区别:

1. 设立条件不同。从形式上来说,设立基金会除为特定公益目的外,还需要具备较高的条件,如达到原始基金限额,有规范名称、章程、组织机构和专职工作人员,有固定住所,能独立承担民事责任等法人条件,而且需要业务主管单位同意,并经过省级以上人民政府民政部门依法登记,取得捐助法人资格。公益信托的设立则相对简单,在经公益事业管理机构批准后,托管人依照《信托法》与受托人订立信托合同,合同一经签订,信托即告成立。如采用其他书面形式的,在受托人作出承诺时,信托即成立。

2. 财产分离状态不同。就财产权的状况来说,基金会一经成立,基金财产即与捐赠人财产相分离,由基金会享有法人财产权。而公益信托的基金财产,在信托设立后,不仅与托管人的财产相分离,而且与受托人所有的财产也相区别,不得归入受托人的固有财产或者成为固有财产的一部分,以保证其完全用于既定的信托公益目的。

3. 管理使用公益资金的要求不同。从对资金的管理使用来看,基金会需要按照《基金会管理条例》等法律法规安排使用资金,如公募基金会每年用于从事章程规定的公益事业支出,不得低于上一年总收入的70%;非公募基金会每年用于从事章程规定的公益事业支出,不得低于上一年基金余额的8%。而公益信托对基金的使用相对更为灵活,如何安排使用基金及通过什么途径实现保值、增值,取决于托管人与受托人的约定和选择。

可见,基金会和公益信托两种运行方式各有特色,在消费者权益保护方面,也各有其适用价值和发挥功能的空间。相比较而言,基金会模式更适用于活动范围广泛、业务持久稳定、基金数额较大的情况,而信托模式运作简便,成本不高,基金数额和存续时间富有弹性,小额的资金也可以实现自由参与公益的目的。

四、对我国消费者权益保护基金设立及运作模式的思考

在实践当中,基金会模式与公益信托模式在运作上各有所长,基金会适合稳定持续的大额基金,公益信托适合形式多样的小型基金管理和运作。因此,就消费者权益保护来说,基金会和公益信托两种模式可以根据具体情况灵活选择,以充分发挥两种制度造福社会的功能。

（一）充分发挥基金会在消费权益保护中的基础性作用

由于成立基金会的要求较高，需要满足法定的最低资产限额①等条件，具体操作和运行较为复杂，非筹集较大数额的资金及具备相关专门人才不能设立。因此，可以考虑在全国层面和有条件的省级范围内设立消费者权益保护公益基金会。1989 年 11 月成立的中国保护消费者基金会为全国性的、非营利的公益性社会团体，其基金主要用于奖励为保护消费者权益作出突出贡献的单位和个人，开展消费教育，资助和参与商品检验，进行消费调查和引导消费工作，资助保护消费问题研究和宣传活动，支持受损害的消费者提起诉讼，救助受损害的消费者。

在全国层面还可以再成立一到两家相关的基金会，分领域、有重点地投入发展和维护消费者权益的事业中来。在经济发展、具备条件的省份，也可以考虑成立相关的消费者权益保护基金会，在本省范围内从事消费权益保护工作。成立基金会的原始基金可以是财政拨款、企业捐赠、公众募捐，也可以来自特定消费公益诉讼案件的赔偿金，等等。

在新的时代条件下，消费者权益保护类基金会应实现理念和角色的转变，不断完善自身结构，强化公益项目的专业化管理水平，探索实现基金的保值和增值功能，丰富公益基金的运作经验，充分发挥基金会在消费者权益保护中的基础性作用。

（二）对于众多小额基金应充分发挥信托模式的优势

相较于基金会的模式，信托运作模式更为灵活，受托人的选择范围较为广泛，可以委托基金会进行运作，也可以选择在投资理财方面具有较强专业能力和丰富管理经验的信托投资来对信托财产进行管理运作。

1. 以基金会作为受托人。自然人或者企业等组织有回报社会的想法，愿意拿出一定的资金设立消费类的公益基金，或者消费民事公益诉讼案件的赔偿款项，不管是由消费者协会提起还是由检察机关提起，在自己不愿或者无力管理、运作这笔基金的情况下，可以设立专项基金，通过公益信托的方式选择其他相关的基金会或者组织来托管，以实现服务于社会公益的目的。

2. 以信托投资公司作为受托人。信托投资公司作为专业理财机构，可以根据市场需要，按照信托目的、信托财产的种类或者对信托财产管理方式的不同设置信托业务品种。信托投资公司管理运用或处分信托财产时，可以依照信托文件的约定，灵活采取投资、出售、存放同业、买入返售、租赁、贷款等方式进行，确保信托财产保值、增值。

根据中国银行业监督管理委员会 2007 年 1 月发布的《信托公司管理办法》第十七条规定，信托公司可以根据《信托法》等法律法规的有关规定开展公益信托活动。将公益基

① 根据《基金会管理条例》规定，全国性公募基金会的原始基金不低于 800 万元人民币，地方性公募基金会的原始基金不低于 400 万元人民币，非公募基金会的原始基金不低于 200 万元人民币，而且原始基金必须为到账货币资金。

金委托给专业的信托投资公司,后者通过有针对性地设计信托产品,可以吸引到众多的投资者,将投资受益与公益目的结合起来,扩大公益事业的影响力及参与群体的数量,更有利于信托财产的保值、增值,并最终推动相关公益事业的快速成长。

五、结语

公益诉讼维护的是不特定的消费者群体利益,所获得的赔偿款可能无法给付于明确具体的受害者,因此对于公益诉讼是否可以提出损害赔偿的诉讼请求,理论界和社会舆论曾有所争论,最高人民法院对此也一度较为迟疑。[①] 如果有了公益基金,提起公益诉讼所获得的赔偿,便可以放在公益基金里,用于之后的消费者维权专项活动,或者表彰对消费者维权有贡献的个人和机构。对此,一些地方的司法案例已经作了积极有益的尝试,如江苏省海安县史某华使用含铝泡打粉生产包子对外销售,经检察机关提起公益诉讼,江苏省海安县人民法院判决其赔偿两万元,并明确判决该款由海安县人民检察院纳入公益基金依法管理。应该说,消费者权益保护公益基金的管理和运作是一个相当复杂的问题,涉及行政、司法等诸多部门的工作,但只有使相关的制度问题获得有效的解决和应对,消费者权益保护乃至于公益诉讼才能够行稳致远。

---

① 最高人民法院于2016年4月24日发布的《关于审理消费民事公益诉讼案件适用法律若干问题的解释》第13条规定:“原告在消费民事公益诉讼案件中,请求被告承担停止侵害、排除妨碍、消除危险、赔礼道歉等民事责任的,人民法院可予支持。”该司法解释对于消费民事公益诉讼的诉讼请求的列举,唯独缺少了“赔偿损失”这一类别。

检察实务

检察机关侦查权范围界定研究

杨　杨　马　强*

摘要：在监察机关对所有行使公权力的公职人员进行监察、调查职务违法和职务犯罪的大背景下，修改后的《刑事诉讼法》赋予检察机关部分侦查权，因此需要厘清检察机关侦查权的内涵、范围以及与监察机关调查权的关系，以解决和防范实践中的管辖争议和管辖竞合问题。

关键词：刑事诉讼法　检察机关侦查权　监察机关调查权　范围界定

2018 年 10 月 26 日，《中华人民共和国刑事诉讼法》修改正式通过，并于同日实施，其中规定将该法第 18 条改为第 19 条，第 2 款修改为："人民检察院在对诉讼活动实行法律监督中发现的司法工作人员利用职权实施的非法拘禁、刑讯逼供、非法搜查等侵犯公民权利、损害司法公正的犯罪，可以由人民检察院立案侦查。对于公安机关管辖的国家机关工作人员利用职权实施的重大犯罪案件，需要由人民检察院直接受理的时候，经省级以上人民检察院决定，可以由人民检察院立案侦查。"①至此，检察机关侦查权的范围已明朗：一是自行补充侦查权；二是机动侦查权。本文主要对检察机关对诉讼活动实行法律监督过程中发现的司法工作人员利用职权实施的侵犯公民权利、损害司法公正犯罪侦查权的范围界定进行初步探索。

---

* 杨杨，江苏省淮安市人民检察院研究室副主任；马强，江苏省淮安市洪泽区人民检察院东双沟检察室主任。

① 该条款被学界称为检察机关机动侦查权，本文后述机动侦查权均特指该条款。

一、对法律规定的解释及研究

(一)对法律规定的文本解释

此前,全国人大法工委主任沈春耀曾对《刑事诉讼法》修改草案中检察机关侦查权的变化作出说明,删去检察机关对贪污贿赂等案件行使侦查权的规定,保留检察机关在诉讼活动监督中发现司法工作人员利用职权实施的非法拘禁、刑讯逼供、非法搜查等侵犯公民权利、损害司法公正的犯罪的侦查权。结合《刑事诉讼法》修改,可以用“一确定”+“三特定”来概括总结,“一确定”是指确定检察院保留部分自行立案侦查权;“三特定”是指:一是案件来源特定,主要是对诉讼活动进行法律监督中发现;二是侦查对象身份特定,系司法工作人员;三是涉及罪名的种类特定,包括职权实施的侵犯公民权利,损害司法公正犯罪。

1. 诉讼活动的界定。对此处的诉讼活动,应作“三大诉讼”的全面正确理解,不仅限于刑事诉讼活动,还包括民事诉讼活动以及行政诉讼活动(在“三大诉讼中”也应包含检察机关开展的公益诉讼活动)。从环节上看,涵盖“三大诉讼”检察机关参与的全部环节,如刑事诉讼活动监督,应包含侦查、起诉、审判以及执行等所有环节。

2. 司法工作人员的范围。根据《刑法》第 94 条规定,司法工作人员,是指有侦查、检察审判、监管职责的工作人员。从检察机关管辖范围看,是与诉讼活动法律监督相对应机构的人员,涵盖了检察机关、审判机关、公安机关、司法行政机关(包含各级监狱机关)以及海关缉私部门等司法部门中依法委派或受委托行使司法职权的人员。无论对司法工作人员采用“身份论”抑或“职责论”标准,都应遵循“依法产生+依法行使职权”的双重标准予以认定。①

此外,修改后的《刑事诉讼法》重新定义了“侦查”的含义,是指公安机关、检察院等机关对于刑事案件,依照法律进行的收集证据、查明案情的工作和有关的强制性措施。监察委员会调查职务犯罪的行为明确已经从《刑事诉讼法》规定的“侦查”的含义中排除,公职人员涉嫌贪污贿赂、滥用职权、玩忽职守、权力寻租、利益输送、徇私舞弊等犯罪仍由监察机关自行调查。

3. 非法拘禁、刑讯逼供、非法搜查等中“等”的含义。从语境上看,司法工作人员利用职权实施的侵犯公民权利、损害司法公正的犯罪肯定不止非法拘禁、刑讯逼供、非法搜查三种,此处“等”的含义应作列举未尽理解。2018 年 4 月 17 日中共中央纪律检查委员会、国家监察委员会印发的《国家监察委员会管辖规定(试行)》中详细列举的 88 个罪名中,司法工作人员利用职权实施的侵权犯罪和渎职犯罪都未收纳其中。可见,从《监察法》实施到《刑事诉讼法》修改,监察机关的内部管辖规定已经为检察机关侦查权的行使留出了空间。

---

① 参见牛正良:《司法工作人员范围刍议》,载《检察日报》2002 年 10 月 1 日。

(二)对高检院文件确定管辖罪名的实践思考

1. 管辖罪名。根据《关于人民检察院立案侦查司法工作人员相关职务犯罪案件若干问题的规定》(以下简称《立案规定》),检察机关侦查权管辖 14 个罪名:(1)非法拘禁罪(非司法工作人员除外);(2)非法搜查罪(非司法工作人员除外);(3)刑讯逼供罪;(4)暴力取证罪;(5)虐待被监管人罪;(6)滥用职权罪(非司法工作人员滥用职权侵犯公民权利、损害司法公正的情形除外);(7)玩忽职守罪(非司法工作人员玩忽职守侵犯公民权利、损害司法公正的情形除外);(8)徇私枉法罪;(9)民事、行政枉法裁判罪;(10)执行判决、裁定失职罪;(11)执行判决、裁定滥用职权罪;(12)私放在押人员罪;(13)失职致使在押人员脱逃罪;(14)徇私舞弊减刑、假释、暂予监外执行罪。

2. 对管辖罪名的进一步思考。《立案规定》的 14 个罪名,基本涵盖了司法工作人员利用职权实施的侵犯公民权利、损害司法公正的犯罪,但是笔者认为仍有 3 个罪名应该列入检察机关管辖范围,即非法侵入公民住宅罪、侵犯公民个人信息罪、帮助犯罪分子逃避处罚罪。以侵犯公民个人信息罪为例:司法工作人员在办理案件中,必然会接触到大量的公民个人信息,特别是重要、敏感的信息。其利用职权实施的侵犯公民个人信息罪,往往会对公民权利造成严重侵害,同时也极大地损害了司法公信力,从《刑事诉讼法》规定的本义看,检察机关对司法工作人员利用职权实施的侵犯公民个人信息犯罪应具有侦查权,防止出现管辖的漏洞或空白。

(三)三个关联管辖问题

1. 共同犯罪。最高人民检察院文件规定的 14 个罪名中故意犯罪就有 12 个,这就存在司法工作人员与其他无特殊主体身份人共同犯罪的问题。如徇私枉法案中,法官与律师(辩护人)共谋,故意使原本罪重的嫌疑人受到罪轻处理。除了对法官立案,也应当对共同参与犯罪的律师立案侦查。因此,在司法工作人员利用职权实施的侵犯公民权利、损害司法公正的故意犯罪中,检察机关对涉及共同犯罪的其他行为人均应立案侦查。此外,帮助犯罪分子逃避处罚罪(如明确检察机关可以管辖)的主体包括司法工作人员和行政机关工作人员,行政机关工作人员单独成立本罪的,检察机关无权管辖,但如果系与司法工作人员共同犯罪,检察机关可以立案侦查。

2. 并案侦查与机动侦查权的竞合。检察机关的并案侦查实质是指检察机关在进行案件侦查中,发现立案侦查的犯罪嫌疑人还有其他不属于检察机关管辖的罪名,或者立案侦查的犯罪与其他犯罪有密切联系,根据案件办理具体情况,检察机关需要对相应的罪名或者其他犯罪一并予以立案侦查。并案侦查在理论界及实务界有广泛争议,本文的立论基础在于检察机关可以继续采取并案侦查措施,如此就需要厘清其与机动侦查权的管辖竞合问题。一是犯罪嫌疑人涉嫌的罪名属于公安机关管辖的国家机关工作人员利用职权实施的犯罪,检察机关不能直接并案侦查,应该适用《刑事诉讼法》第 19 条第 2 款机动侦查权的规定,层报省级以上人民检察院决定。理由系并案侦查的依据来源于司法解释,[①]其法律位阶低于《刑事诉讼法》。二是犯罪嫌疑人涉嫌的罪名属于公安机关管辖的罪名,排除其系机动侦查权管辖的范围,在有明确规范依据且继续适用有利于查明案件事实和诉讼进行的情况下,可以并案侦查。

3. 罪名转化导致的侦查管辖问题。在刑讯逼供、暴力取证、虐待被监管人罪中,都可能出现致使或者过失致使重伤、死亡的后果,罪名转化为故意杀人与故意伤害罪、过失致人死亡与过失致人重伤罪。以刑讯逼供致人死亡构成故意杀人罪为例,对于该类侵犯公民人身权利又通过结果转化的犯罪,检察机关当然具有管辖权,发现后应及时处置。如果尚未立案,检察机关应迅速立案侦查;如果公安机关已经以故意杀人罪的罪名立案,检察机关应提前介入,做好引导取证及侦查监督工作;认为由检察机关管辖更为适宜的,可以商请公安机关移送管辖。

二、调查权与侦查权关系初探

检察机关侦查权行使,需要厘清其范围边界,而厘清范围边界就必须对检察机关侦查权和监察机关调查权的关系进行研究,结合《立案规定》中的相关内容,本文持以下观点:

(一)整体的"总分"关系

从某种程度上讲,监察委员会的监督范围远远超出了检察机关的监督范围,甚至覆盖了法律监督的范围,并且检察机关自身的执法活动也受其监督。[②]《监察法》规定各级监察机关对所有行使公权力的公职人员进行监察,调查职务违法和职务犯罪,人员全覆盖以及行为全覆盖,从这个角度来看,监察机关的调查权是总体的、全面的。检察机关的侦查权是针对诉讼活动实行法律监督发现的部分职务犯罪,无论从人员来看还是从行为来看都是部分,所以在整体上监察机关调查权与检察机关侦查权是"总分"关系。《刑事诉讼法》也采用了"可以由人民检察院立案侦查"的表述,从该规定可以看出,在监察机关调查权与检察机关侦查权整体是"总分"的关系下,可以理解为检察机关侦查权系监察机关调查权在诉讼监督领域授权性质的管辖,通过本次《刑事诉讼法》修改来明确规定。

(二)部分的"并行"关系

《国家监察委员会管辖规定(试行)》中详细列举的 88 个罪名中,司法工作人员利用职权实施的侵权犯罪和渎职犯罪都未在其中,结合《刑事诉讼法》规定,可以认为今后一个阶段对《立案规定》的 14 个罪名将主要由检察机关管辖。但是以上罪名监察机关拥有当然的管辖权,不受其内部文件的限制。《立案规定》对涉及监察机关管辖竞合进行了系

---

① 《人民检察院刑事诉讼规则(试行)》第 12 条规定,"对于一人犯数罪、共同犯罪、多个犯罪嫌疑人实施的犯罪相互关联,并案处理有利于查明案件事实和诉讼进行的,人民检察院可以对相关犯罪案件并案处理。"

② 参见叶青、王小光:《检察机关监督与监察委员会监督比较分析》,载《中共中央党校学报》2017 年第 3 期。

统处理,发现犯罪嫌疑人同时涉嫌监察委员会管辖的职务犯罪线索的,应当及时与同级监察委员会沟通,一般应当由监察委员会为主调查,人民检察院予以协助。经沟通认为全案由监察委员会管辖更为适宜的,人民检察院应当撤销案件,将案件和相应职务犯罪线索一并移送监察委员会;认为由监察委员会和人民检察院分别管辖更为适宜的,人民检察院应当将监察委员会管辖的相应职务犯罪线索移送监察委员会,对依法由人民检察院管辖的犯罪案件继续侦查。

但是,司法实践中存在一种特殊情况,就是与司法工作人员渎职罪相关联的受贿罪从一重罪论处的情况,如徇私枉法罪,对于因受贿而徇私枉法,考虑到法律拟制的特殊性及案件办理的整体性,认为检察机关侦查更为适应的,应由其侦查全部犯罪事实并作罪名考量。

此外,检察机关侦查权受到在对诉讼活动进行法律监督过程中发现的限制。假设系向检察机关举报,这当然符合条件;如果系向监察机关举报,监察机关可以自行查处。如果认为检察机关管辖更为合适的,可以将诉讼监督线索移送至检察机关,由检察机关管辖。

三、结语

检察机关的侦查权实际上是伴随着对诉讼活动实施法律监督的职能行使的,凸显了检察机关法律监督的范围主要是在诉讼活动领域。尽管侦查权涉及领域较转隶前有所缩减,但检察机关依然拥有三位一体的直接立案侦查权、机动侦查权以及自行补充侦查权,同时承担着诉讼监督和职务犯罪查办双重职能,应当发挥独特作用。检察机关行使侦查权时,也要考虑到与监察机关的衔接配合,成为其全面开展职务违法和职务犯罪调查的有益补充和有力支撑。

刑事附带民事公益诉讼制度的探索发展与完善

彭德文*

摘要:比较刑事附带民事公益诉讼制度、刑事附带民事诉讼制度与民事公益诉讼制度三者的关系,可以发现刑事附带民事公益诉讼具有诉讼程序独立、诉讼主体单一等特征。针对目前检察机关提起刑事附带民事公益诉讼存在的不足,可从完善法律规定、设立赔偿基金和设置专门办案机构等方面完善刑事附带民事公益诉讼制度,提升实践效果。

关键词:检察机关刑事附带民事公益诉讼　公益诉讼

2018年3月,"两高"出台《关于检察公益诉讼案件适用法律若干问题的解释》,从广义的法律层面确立了检察机关提起刑事附带民事公益诉讼制度,至此,确立了我国检察机关提起的民事诉讼包括刑事附带民事公益诉讼、刑事附带民事诉讼以及民事公益诉讼三种类型。检察机关提起刑事附带民事公益诉讼具有一定的优势,目前已成为检察机关提起民事公益诉讼最主要的方式。① 但是,当前刑事附带民事公益诉讼还处于探索发展阶段,立法还不健全,办案程序上还有较多薄弱环节亟待完善。

一、检察机关提起刑事附带民事公益诉讼制度的孕育过程

我国现行《刑事诉讼法》和2013年最高人民法院印发《关于适用〈中华人民共和国刑事诉讼法〉的解释》中规定,当国家财产、集体财产遭受损失时,人民检察院提起刑事附带民事诉讼。这一规定可以视为检察机关提起刑事附带民事公益诉讼制度的最初萌芽。

2016年12月22日,最高人民检察院印发《关于深入开展公益诉讼试点工作有关问

---

* 彭德文,江苏省无锡市滨湖区人民检察院民事行政检察科科长。

① 根据最高人民检察院民事行政检察厅公布的数据:2018年1—8月,全国检察机关共提起民事公益诉讼1327件,其中民事公益诉讼69件,占5.20%;刑事附带民事公益诉讼991件,占74.68%。

题的意见》规定:“检察机关在履行职责中发现破坏环境资源保护罪或生产销售伪劣商品罪的刑事案件犯罪嫌疑人的违法行为侵害社会公共利益,符合提起民事公益诉讼条件的,可以探索一并提起刑事附带民事公益诉讼。”这是检察机关首次提出探索开展刑事附带民事公益诉讼。

2017 年 4 月,最高人民法院发布的《关于审理环境公益诉讼案件的工作规范(试行)》,该规范第 51 条规定:“检察机关对同一污染环境、破坏生态行为分别向有管辖权的基层人民法院、中级人民法院提起刑事诉讼和环境民事公益诉讼的,可以……由同一审判组织合并审理。”这一规定为检察机关提起刑事附带民事公益诉讼提供了便利条件。

2017 年 10 月,最高人民检察院在《关于人民检察院办理公益诉讼案件的规定(试行)(征求意见稿)》第 60 条规定:“人民检察院在对刑事案件提起公诉的过程中,对破坏生态环境和资源保护、食品药品安全领域侵害众多消费者合法权益等损害社会公共利益的犯罪行为,可以向人民法院提起刑事附带民事公益诉讼。”第 61 条规定:“人民检察院办理行政公益附带民事公益诉讼和刑事附带民事公益诉讼案件,一般依照行政公益诉讼案件和刑事诉讼案件确定管辖。”上述规定基本构建了刑事附带民事公益诉讼制度的雏形。

2018 年 3 月 2 日,“两高”发布《关于检察公益诉讼案件适用法律若干问题的解释》第 20 条规定:“人民检察院对破坏生态环境和资源保护、食品药品安全领域侵害众多消费者合法权益等损害社会公共利益的犯罪行为提起刑事公诉时,可以向人民法院一并提起附带民事公益诉讼,由人民法院同一审判组织审理。人民检察院提起的刑事附带民事公益诉讼案件由审理刑事案件的人民法院管辖。”至此,刑事附带民事公益诉讼在“两高”司法解释层面有了明确规定。

二、检察机关提起刑事附带民事公益诉讼的主要特征

目前,检察机关提起的民事诉讼主要包括刑事附带民事公益诉讼、刑事附带民事诉讼以及民事公益诉讼三种。虽然三者名称相近,都是由检察机关提起,但相互之间还是存在一定的差别。

(一)刑事附带民事公益诉讼与刑事附带民事诉讼之比较

1. 案件范围不同。刑事附带民事公益诉讼的案件范围是在生态环境和资源保护、食品药品安全等法律规定领域侵害众多消费者合法权益的犯罪行为损害了社会公共利益;检察机关提起的刑事附带民事诉讼的案件范围是刑事被告人的犯罪行为造成了国家财产、集体财产损失。

2. 维权对象不同。刑事附带民事公益诉讼维护的对象是不特定多数人所共同享有的环境等社会公共利益,受害者并不确定;刑事附带民事诉讼维护的对象是国家或集体财产,有确定的受害单位。

3. 前提条件不同。检察机关提起刑事附带民事诉讼前应直接征询受损失单位意见，即诉前公告；刑事附带民事公益诉讼则无须经过诉前公告程序。

4. 主体身份不同。检察机关在刑事附带民事公益诉讼中的身份是公益诉讼起诉人，在刑事附带民事诉讼中的身份是附带民事诉讼原告。

5. 诉讼请求不同。刑事附带民事诉讼的诉讼请求主要是赔偿物质损失，刑事附带民事公益诉讼的诉讼请求包括停止侵害、排除妨碍、消除危险、赔偿损失、赔礼道歉等。

（二）刑事附带民事公益诉讼与民事公益诉讼之比较

1. 前提条件不同。刑事附带民事公益诉讼依附一定的刑事案件，且犯罪行为损害了国家利益或社会公共利益；民事公益诉讼的范围则要大得多，不一定存在犯罪行为，只要具体行为侵害了国家利益或社会公共利益即可。

2. 启动程序不同。刑事附带民事公益诉讼不需要履行诉前公告程序；民事公益诉讼提出前必须公告，在相关公益诉讼主体不提起诉讼的情况下检察机关才可以提出。

3. 审理法院不同。刑事附带民事公益诉讼由审判刑事案件的同一法院审理，许多案件基层法院可以审理；民事公益诉讼则要求中级以上人民法院审理。

4. 诉讼主体不同。刑事附带民事公益诉讼的主体具有单一性，只有检察机关可以提起刑事附带民事公益诉讼；民事公益诉讼的主体较多，只有在其他相关公益组织不提起公益诉讼的情况下检察机关才可以提起民事公益诉讼。

（三）刑事附带民事公益诉讼的特征

通过以上比较分析可以看出，刑事附带民事公益诉讼具有以下几个特征：

1. 诉讼程序具有独立性。刑事附带民事公益诉讼在程序上不同于行政附带民事诉讼，在行政附带民事诉讼中，附带民事诉讼成立与否取决于行政诉讼能否成立，假若行政诉讼被法院裁定驳回起诉或不予受理，民事诉讼自然会无法被“附带”。[①] 但在刑事附带民事公益诉讼中，被告人若不构成犯罪，无罪的刑事判决结果并不会影响附带民事公益诉讼的成立，经调解不能达成协议的，法院应当作出刑事附带民事判决。

2. 诉讼主体具有单一性。对于民事公益诉讼，提起的主体一般有多种，除有关公益组织、检察机关外，海洋法还规定海洋主管部门对污染海洋环境的行为有权提起公益诉讼。而刑事附带民事公益诉讼，由于其依附于一定的刑事案件，从现有法律规定看，只能由检察机关提起。

3. 诉讼结果具有关联性。刑事附带民事公益诉讼的裁判结果与刑事诉讼相关联。一方面，只有受侵害的国家利益或社会公共利益与刑事诉讼中的犯罪行为相关联，检察机关提起刑事诉讼的同时才可附带提起民事公益诉讼；另一方面，附带民事公益诉讼中被告履行赔偿义务的积极性，也会作为量刑情节影响到刑事判决。

---

① 参见姜明安主编：《行政法与行政诉讼法》（第三版），北京大学出版社 2007 年版，第 622 页。

4. 被告范围具有宽泛性。附带民事公益诉讼的被告范围比刑事诉讼的被告人范围更广泛。附带民事公益诉讼中依法负有赔偿责任的人，不仅限于刑事被告人，还可包括未被追究刑事责任的其他共同侵害人、刑事被告人的监护人、死刑罪犯的遗产继承人、共同犯罪案件中案件审结前死亡的被告人的遗产继承人、对被害人的物质损失依法应当承担赔偿责任的其他单位和个人。①

5. 诉讼请求形式具有多样性。较之普通民事诉讼，刑事附带民事公益诉讼的诉讼请求形式较多，包括停止侵害、排除妨碍、消除危险、赔偿损失、赔礼道歉等，这是由其公益属性决定的，更注重恢复补偿功能的实现。

三、检察机关提起刑事附带民事公益诉讼的优势

刑事附带民事公益诉讼在众多诉讼类型中发展迅速，有其自身独特的作用与价值，检察机关提起刑事附带民事公益诉讼具有一定的优势。

（一）有利于节约司法资源

应当说，多数公益诉讼案件都存在诉讼类型的选择问题，或可以行政与民事互换，或可以选择附带型诉讼等。刑事附带民事公益诉讼也存在类似问题，其实为两诉之合并，完全可以拆分为刑事公诉和民事公益诉讼。法院在认为确有必要时，也是可以进行分案审理的。之所以作为一个诉讼进行，更多考虑的是节约司法资源，避免监督和审理上的重复，从而大大节省人力、物力和时间。对检察机关而言，既避免了民事公益诉讼的诉前公告程序，又避免了管辖上两级检察机关参与。就法院而论，避免了两级法院两个合议庭的重复劳动。对被告人以及证人、鉴定人等其他诉讼参与人来说，也避免了参与两个法庭、两次审判带来的讼累。

（二）有利于查明案件事实

刑事附带民事公益诉讼中，刑事案件和民事公益诉讼案件都是由被告人的同一行为引发的。可以在侦查机关收集刑事责任证据的同时，一并收集损害社会公共利益应承担民事责任的证据，在审理刑事案件过程中一并解决民事公益诉讼问题，这样既提高了证据收集效率，又减轻了民事公益诉讼部分证据收集的难度，还有利于促使刑事被告人积极履行公益修复赔偿等民事责任，避免刑事判决后消极拖延，甚至转移财产。

（三）有利于公正裁断

刑事案件和民事公益诉讼案件的合并办理可以相互印证，从而准确判断被告人的行为是否构成犯罪，以及应当承担什么样的刑事责任和民事侵权责任。刑事被告人积极履行对被其损害的社会公益的修复、赔偿责任，一定程度上可以反映其悔罪态度以及对损害的修复效果，在对其量刑时可以统筹考虑。

---

① 参见《最高人民法院关于适用〈中华人民共和国刑事诉讼法〉的解释》第 143 条第 1 款。

（四）有利于及时维护社会公益

实践中很多损害社会公共利益的案件，在被告人被依法判处刑罚时，就认为已经案结事了，但被破坏的社会公共利益仍处于受侵害状态，没有得到及时有效的保护。提起刑事附带民事公益诉讼，可以丰富救济方式，形成监督合力，使得社会公共利益能在第一时间得以有效保护。

（五）有利于维护法院裁判的统一性

在处理刑事案件过程中一并解决民事公益诉讼问题，由同一个审判组织进行审理，有利于避免由刑事审判庭和民事审判庭分别处理刑事和民事公益诉讼案件可能出现的对同一案件作出相互矛盾的裁判问题，从而使诉讼结果更具一致性，有利于提高裁判的稳定性和准确性，提高司法公信力。

四、当前检察机关提起刑事附带民事公益诉讼存在的不足

由于立法不完善，程序缺失和经验不足等种种原因，实践中检察机关提起刑事附带民事公益诉讼还存在一些不足。

（一）案件范围过窄

根据《民事诉讼法》规定，检察机关只对破坏生态环境和资源保护、食品药品安全领域侵害众多消费者合法权益等损害社会公共利益的犯罪行为提起附带民事公益诉讼，但是原本检察机关提起刑事附带民事诉讼的条件是“国家财产、集体财产遭受损失”，现在此种情况反而不属于刑事附带民事公益诉讼的范畴，这有悖于《刑事诉讼法》的立法本意。

（二）起诉标准不统一

从各地开展的公益诉讼实践来看，起诉标准目前尚不统一。特别是一些资源类案件，有的省份起诉标准比较高，需达到一定的损失数额才能提起公益诉讼，有的省份把握的标准较低，如非法捕捞水产品案件，部分省份的起诉标准高达几万元、十几万元，而有的省份则是几千元甚至几百元。

（三）诉讼请求受限

我国侵权责任法规定侵权责任的承担方式包括：停止侵害、排除妨碍、消除危险、返还财产、恢复原状、赔偿损失、赔礼道歉、消除影响和恢复名誉等方式。从目前检察机关提起刑事附带民事公益诉讼情况来看，诉讼请求多为停止侵害、消除危险、赔偿损失、赔礼道歉，有的仅仅判令被告在媒体上公开道歉，这并不能满足社会公众对刑事附带民事公益诉讼效益的期待。

（四）诉讼程序不健全

刑事附带民事公益诉讼程序规定不完善。检察机关提起刑事附带民事公益诉讼是一种新的诉讼程序，既不能等同于刑事，也不能等同于民事，对于该种程序如何运行，法律尚没有作出具体规定，法律的滞后与目前大量的刑事附带民事公益诉讼案件不相适应。

（五）执行措施缺失

目前，无论是检察机关还是法院，对公益诉讼的关注点主要是前期的诉讼审判，对于公益诉讼后期的执行问题关注不多。刑事附带民事公益诉讼胜诉后，诉讼赔偿金应该如何支付、使用，由谁来监督等问题都亟须法律规制。特别是食品药品安全领域侵害众多消费者合法权益类公益诉讼案件，赔偿款到底怎么使用，哪些不特定消费者应该得到赔偿等问题法律并没有明确规定。如果损害赔偿金在账户上不使用，人民群众也就没有实实在在的获得感，公益诉讼的目的就没有充分实现。

（六）检察机关内部办案组织不统一

检察机关办理刑事附带民事公益诉讼案件，到底是由民事行政检察部门单独办理，还是由公诉部门和民事行政检察部门就刑事部分和民事公益诉讼部分各自分工负责，或者是建立专门的公益诉讼人才库，组建专门的公益诉讼部，全权负责包含刑事附带民事公益诉讼在内的整个公益诉讼，还有待进一步规定。到底哪一种办案组织更有利于提高办案质效，这是需要考虑的办案机制问题。

五、完善检察机关提起刑事附带民事公益诉讼制度的建议

由于检察机关提起刑事附带民事公益诉讼制度还处于探索发展阶段，现阶段存在不足在所难免。从完善制度、规范办案程序出发，笔者提出以下几点建议。

（一）完善相应法律规定

建议“两高”出台专门针对“刑事附带民事公益诉讼”的司法解释，明确检察机关提起刑事附带民事公益诉讼的案件范围、诉讼当事人、起诉条件、证据、证明责任、执行、财产保全与证据保全等。结合目前司法实践中存在的比较突出的一些问题，建议增加下列内容：

1. 进一步明确检察机关提起刑事附带民事公益诉讼无须履行诉前公告程序，从根本上避免法院、检察院在是否公告问题上存在的分歧。

2. 适度扩大刑事附带民事公益诉讼案件范围。《刑事诉讼法》第 101 条第 2 款规定的“国家、集体财产遭受损失”中的“损失”与该条第 1 款普通刑事附带民事诉讼中的“物质损失”是否为同一范围，存在一定的争议。但从司法实践来看，受“物质损失”思维的制约，法院对损失的界定往往局限于直接损失，远远小于民事法律所规定的赔偿范围。因此有必要适当扩展“损失”的范围。① 应当在立法中明确将损害社会公共利益或国家利益的犯罪行为，纳入案件范围。如国家、集体财物被犯罪人毁坏，而遭受物质损失的；犯罪

① 参见夏黎阳、符尔加：《公益性刑事附带民事诉讼制度研究》，载《人民检察》2013 年第 16 期。

人非法占有、处置国家、集体财产而使其遭受物质损失的;过失犯罪行为造成国家、集体财产遭受物质损失的。

3. 明确检察机关提起刑事附带民事公益诉讼的具体程序。结合我国现行法律的有关规定以及已开展的司法实践,建议参照普通民事公益诉讼的程序,结合检察机关的特殊地位以及刑事公诉的特点,就附带民事公益诉讼的举证、法庭调查、法庭辩论等环节与刑事公诉部分穿插进行。

4. 明确检察机关提起刑事附带民事公益诉讼的起诉标准。犯罪行为损害社会公共利益、国家财产有程度上的区别,也有损害风险大小的区别。法律应当规定提起附带民事公益诉讼的起点标准,防止滥诉或者怠于诉讼的情况发生。

5. 明确执行程序。建立对附带民事诉讼裁判执行的监督机制,刑事附带民事公益诉讼案件的执行应当由法院依法执行,建议法律明确检察机关无须缴纳执行费用。检察机关对执行过程及执行结果应依法履职监督职责,对执行活动违法之处应督促法院予以纠正。

(二)设立公益诉讼赔偿基金

司法实践中对于公益诉讼赔偿金如何保管和使用,各地的做法不一,从已有的刑事附带民事公益诉讼裁判来看,大多数的做法是将公益诉讼赔偿金支付至财政部门的非税收汇缴结算账户,但是赔偿金如何使用、使用时如何监督、由谁监督尚不明确。因此,设立专门的公益诉讼赔偿基金十分必要。在法院裁判之后,被告所应承担的公益损害赔偿金直接付至公益诉讼赔偿基金账户内;同时,为保证公益损害赔偿金的合理使用以及使用的公开性,应由第三方介入对其进行有效监管,公益损害赔偿金的使用情况应当及时向社会公开,接受媒体以及社会的监督。

(三)检察机关设置公益诉讼专门机构及办案组

从现实情况来看,检察公益诉讼包括刑事附带民事公益诉讼等职能是通过民行部门进行的。但是,检察机关民行部门成立相对较晚,人员较少,出庭经验匮乏,尤其在办理刑事附带民事公益诉讼案件中,因需与公诉部门配合,其配合效果势必会影响到诉讼结果。从公益诉讼工作地发展看,检察机关设立公益诉讼专门机构已成必然之势。基于基层检察机关的实际情况及刑事附带民事公益诉讼开展的需要,建议在公益诉讼专门部门下设立食药环办案组,专门办理涉及食药环领域刑事、民事和行政案件,实现食药环“一体化”办案。

新时代检察业务管理体制的路径选择

——以N市检察机关为分析样本

江苏省南通市人民检察院课题组*

摘要：新时代对检察业务管理体制提出了全新的要求。本文以具有一定典型性和代表性的N市检察机关为分析样本，反映出案件监管工作中存在的一些问题。在新时代检察业务管理新的指导思想和基本原则指导下，应当建构包括案件登记、办案组织、承办确定、质量评查、案件统计和办案结果六大管理体系的新时代检察业务管理体制。

关键词：新时代　检察业务　管理　路径

检察业务管理体制是指检察机关在检察长的统一领导下严格按照司法责任制要求和检察工作规律组织、安排、指挥检察官依法履行各项检察职能，开展各项检察业务工作，并根据检察官办案的数量、质量等工作绩效因素对检察官进行奖惩评价的一种组织制度。它具有如下基本特征：首先，坚持检察长的检察业务领导权。检察官在检察长领导下开展工作，重大办案事项由检察长决定。①《检察官法》第7条对此作出了补充规定，即检察长、副检察长、检察委员会委员除履行检察职责外，还应当履行与其职务相适应的职责。两者构成完整的检察长领导权。其次，坚持以司法责任制为指导，遵循检察工作规律。遵循司法亲历性规律，确保符合检察官相对独立的职业特点，保障其忠实履行客观公正义务，使检察官行使检察职权与承担司法责任相当、承担司法责任与受到司法惩戒相当。再次，实行以检察官为主体、以案件为中心的"人案兼管"的管理模式。理顺"检察官"、"案件"与"检察职能"三者之间的关系，通过检察官司法档案既管理检察官，也管

---

* 课题组负责人：何启明，江苏省南通市人民检察院副检察长；课题组成员：张傲冬，江苏省南通市人民检察院研究室主任；刘鑫，江苏省南通市人民检察院研究室副主任；商银涛，江苏省南通市人民检察院研究室检察官助理。

① 参见何晔晖：《关于〈中华人民共和国人民检察院组织法（修订草案）〉的说明》，载中国人大网，最后访问日期：2017年9月5日。

理其所办理的案件。最后，实行检察职能调整、内设机构改革与办案组织设置一体化推进。检察职能决定了检察内设机构的设置，是检察内设机构设置的主要依据。检察内设机构是实施检察职能的物质载体。

一、新时代对检察业务管理提出的新要求

一是检察业务管理体制应放到"完善和发展中国特色社会主义检察制度"中去考量。检察机关必须始终坚持党对检察工作的绝对领导，忠实履行宪法、法律赋予的职责，维护党在统筹推进"五位一体"总体布局和协调推进"四个全面"战略布局中的绝对领导地位，把讲政治落实到检察工作的方方面面，维护党在方方面面的绝对领导地位。[①] 检察业务管理体制当然也应如此。

二是检察业务管理体制应放到"推进国家治理体系和治理能力现代化"中去考量。司法责任制改革是手段，要通过改革来推进法治进步，实现司法公信力与司法能力双提高；在制度层面，其主要目的在于推动建立公正高效权威的社会主义司法制度，并以法律的形式将这些制度固定下来，以保证其在司法实践中正确、妥当地运行，服务于法治中国建设。[②] 检察机关通过办案满足人民群众对美好生活的需求。[③] 这正是检察业务管理体制在"推进国家治理体系和治理能力现代化"中的具体实现形式。

三是检察业务管理体制应放到"建设中国特色社会主义法治体系、建设社会主义法治国家"总目标中去考量。法治之治，重在依法制约权力，法治的制度笼子是规约权力的最重要法宝。中国特色社会主义法治道路在坚持党的领导的同时，对权力腐败、以权谋私、权大于法、因言废法、权钱交易实现零容忍，确保权力运行的正确方向。[④] 检察业务管理体制以"案件"为中心，让员额检察官在司法一线办案，通过办案筑牢"法治的制度笼子"，通过案件流程监控和质量评查确保"权力运行的正确方向"。

四是检察业务管理体制应放到域内、外检察业务管理模式中去考量。我们的司法体制改革走什么样的路，必须立足于我国的实际，必须同推进国家的治理体系和治理能力现代化相适应，既不能罔顾国情、超越阶段，也不能因循守旧、墨守成规。[⑤] 当然，强调国情并不是忽视世界各国法治建设的共同经验，对世界上的优秀法治文明成果，既要积极吸收借鉴，也要加以甄别，有选择地吸收和转化，不能囫囵吞枣、照搬照抄。[⑥] 联合国《关

---

① 参见张军：《检察机关要善于观大势，紧抓改革发展机遇》，载澎湃新闻，2018 年 3 月 23 日。

② 参见陈卫东：《中国司法体制改革的经验——习近平司法体制改革思想研究》，载《法学研究》2017 年第 5 期。

③ 参见《首席大检察官张军最近一直强调的问题是?》，载法律读库，2018 年 5 月 16 日。

④ 参见汪习根：《法治中国的道路选择——党的"十九大"全面依法治国思想解读》，载《法学杂志》2018 年第 1 期。

⑤ 参见习近平：《在中共十八届四中全会第二次全体会议上的讲话》，2014 年 10 月 23 日。

⑥ 参见习近平：《在中国政法大学考察时的讲话》，2017 年 5 月 3 日。

于检察官作用的准则》的目的①、第 12 条②和第 13 条③均规定了“检察官客观公正义务”；国际检察官联合会《关于检察官的职业责任标准和基本义务与权利》(1999 年)第 2 条第 1 款至第 3 款明确“检察官独立是相对的”。④ 检察业务管理体制应当立足我国新时代的实际，借鉴吸收国际共同经验。

二、检察业务管理现状

当前，检察业务管理工作发挥“监督、管理、服务、参谋”职能作用，取得了一定的成效，但离科学化、规范化、精准化还有一定的差距。下面以 N 市为例开展分析。

(一)案件统一管理尚未完全实现

案件清单中的各类案件均应当纳入案管部门受案、监督和管理的范围。但在实务中，检察机关统一业务应用系统尚未对所有类型的案件实现全程管理。如控告申诉案件没有由案件监督管理部门统一受理和监管。

(二)业务部门及其员额检察官“忙闲不均”现象尚未受有效调控

笔者以 2017 年 N 市 A、B、C 三家基层检察院侦监和公诉部门案件受理情况为例予以说明。

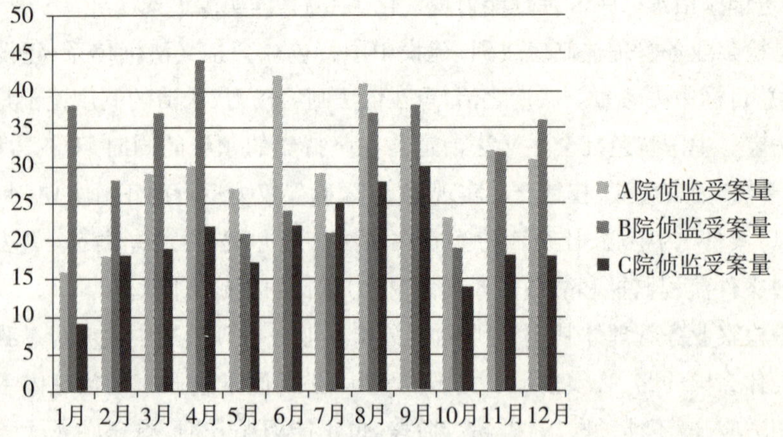

图 1 2017 年 N 市 A 院、B 院和 C 院侦监部门月度受案量统计分析图(单位:件)

---

① 即所制定的下列各项准则，其目的在于协助会员国确保和促进检察官在刑事诉讼中发挥有效、不偏不倚和公正无私的作用。

② 即检察官应始终一贯迅速而公平地依法行事，尊重和保护人的尊严，维护人权，从而有助于确保法定诉讼程序和刑事司法系统的职能顺利运行。

③ 即检察官在履行其职责时应：(1)不偏不倚地履行其职能，并避免任何政治、社会、宗教、种族、文化、性别或任何其他形式的歧视；(2)保证公共利益，按照客观标准行事，适当考虑到嫌疑犯和受害人的立场，并注意到一切有关的情况，无论是否对嫌疑犯有利或不利……

④ 即在承认检察官自由裁量权的国家里，检察自由裁量权应当独立地行使，不受政治干涉。如果检察机关以外的机关享有对检察官下达一般的或具体的指令权，那么，这种指令应当是透明的，与法律机构是一致的，并需符合既定的保障检察独立实现与理念的准则。检察机关以外的任何机关指令启动或终止合法启动的诉讼程序的权利均应当按照类似的方式行使。

图 1 的统计数据表明，N 市 A、B、C 三家基层检察院侦监部门月度受案量不均衡。A 院、B 院和 C 院侦监部门月度受案量最多时分别为 42 件、44 件和 30 件；同时，3 家院侦监部门月度受案量最少时分别为 16 件、19 件和 9 件。同一院侦监部门月度受案量最多与最少时分别相差 26 件、25 件、21 件。

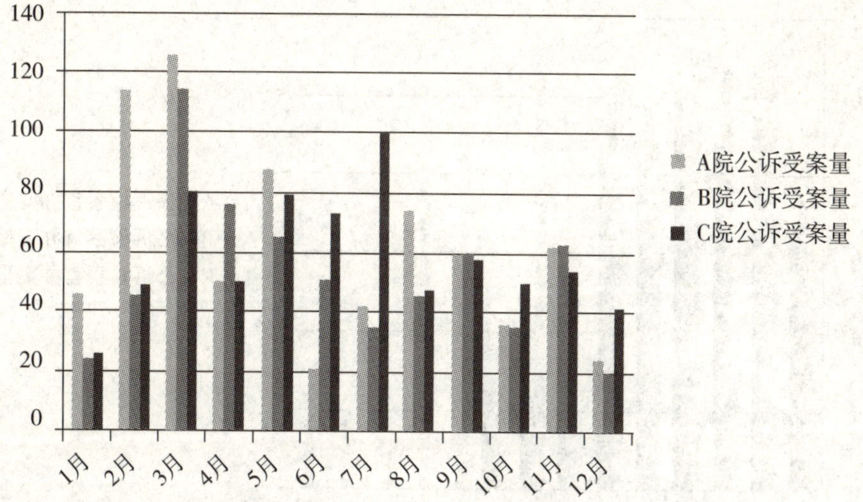

图 2　2017 年 N 市 A 院、B 院和 C 院公诉部门月度受案量统计分析图（单位：件）

图 2 的统计数据表明，N 市 A、B、C 三家基层检察院公诉业务部门月度受案量不均衡。A 院、B 院和 C 院公诉部门月度受案量最多时分别为 126 件、114 件、101 件，月度受案量最少时分别为 21 件、20 件、26 件，同一院公诉部门月度受案量最多与最少时分别相差 105 件、94 件、75 件。

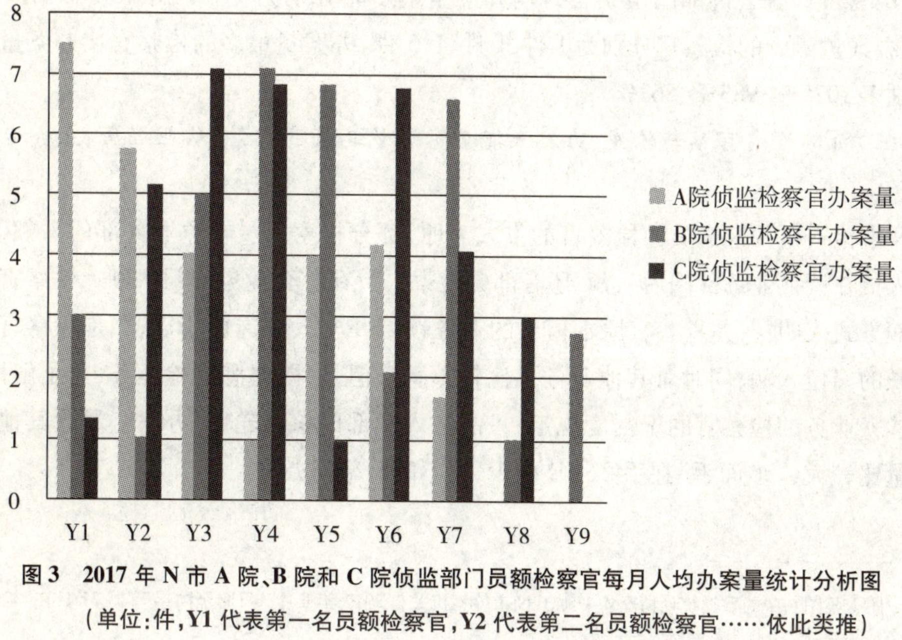

图 3　2017 年 N 市 A 院、B 院和 C 院侦监部门员额检察官每月人均办案量统计分析图
（单位：件，Y1 代表第一名员额检察官，Y2 代表第二名员额检察官……依此类推）

图 3 的统计数据表明，A 院、B 院和 C 院侦监部门员额检察官月均办案量不均衡。A 院、B 院和 C 院侦监部门员额检察官月均办案量最多时分别为 7.5 件、7.08 件和 7.08 件，而办案量最少的检察官仅为 1 件，办案量最多的检察官比办案量最少的分别多 650%、608% 和 608%。

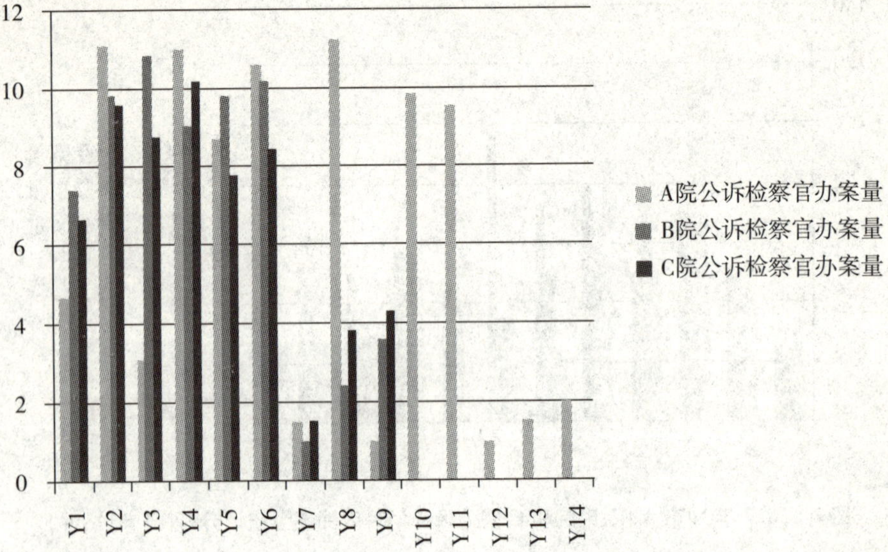

图 4　2017 年 N 市 A 院、B 院和 C 院公诉部门员额检察官每月人均办案量统计分析图

（单位：件，Y1 代表第一名员额检察官，Y2 代表第二名员额检察官……依此类推）

图 4 的统计数据表明，A 院、B 院和 C 院公诉部门员额检察官月均办案量不均衡。A 院、B 院和 C 院公诉部门检察官月均办案量最多时分别为 11.25 件、10.83 件、10.17 件，而办案量最少的检察官分别为 1 件、1 件、1.5 件，办案量最多的检察官比办案量最少的分别多 1025%、983%、867%。[①]

（三）员额检察官参与轮案、办案未能全盘考量其教育背景、从业经历、业务专长等因素

N 市检察机关遴选员额检察官的方式表明，部分检察人员在原业务部门入额，部分检察人员在调换业务部门后入额，还有部分检察人员在综合业务部门入额。检察官不同的入额方式表明：一是检察官原本擅长的业务领域并非入额岗位所需；二是检察官在自己擅长的岗位入额，同时对其他业务也比较熟悉。但是，既熟悉刑检业务，也了解民事、行政检察业务的检察官囿于制度规定，只能在入额部门参与轮案、办案。尽管其他部门案件量比较大，"多面手"在手案件比较少，也不能跨部门办案。

① 图 1 至图 4 中的数据统计情况均来源于 N 市检察机关自 2017 年 1 月 1 日起至同年 12 月 31 日在"检察机关统一业务应用系统"中载明的数据。——笔者注

（四）一些入额人员办案所涉罪名较为单一、简单

笔者也以2017年N市A院、B院和C院侦监和公诉部门员额检察官办案所涉罪名统计情况为例说明。

表1　2017年N市A院、B院和C院侦监部门员额检察官办案罪名统计分析表

（Y1代表第一名员额检察官，Y2代表第二名员额检察官）

A院	员额检察官	
侦监	Y1	Y2
罪名	出售非法制造的发票，盗窃，赌博，贩卖毒品，妨害作证，非法采矿，非法持有毒品，非法处置扣押的财产，非法拘禁，非法吸收公众存款，高利转贷，故意伤害，合同诈骗，介绍卖淫，聚众斗殴，强奸，抢夺，抢劫，敲诈勒索，生产、销售有毒、有害食品，受贿，危险驾驶，伪造国家机关证件，协助组织卖淫，信用卡诈骗，运输毒品，诈骗，招摇撞骗，职务侵占，组织卖淫罪（合计30个罪名）	销售假药

B院	员额检察官	
侦监	Y1	Y2
罪名	聚众斗殴，开设赌场，盗窃，诈骗，侵犯公民个人信息，寻衅滋事，掩饰、隐瞒犯罪所得，交通肇事，污染环境，贩卖，运输毒品，虚开增值税专用发票，强奸，伪造国家机关证件，生产，销售假药，非法吸收公众存款，非法控制计算机信息系统，妨害公务，妨害作证，非法拘禁，合同诈骗，敲诈勒索，抢劫，虚假诉讼，容留他人吸毒，赌博，职务侵占，破坏计算机信息系统，挪用资金罪（合计28个罪名）	挪用资金

C院	员额检察官	
侦监	Y1	Y2
罪名	盗窃，贩卖毒品，妨害公务，非法持有毒品，非法持有枪支，非法储存爆炸物，非法拘禁，非法吸收公众存款，故意毁坏财物，故意杀人，故意伤害，交通肇事，介绍卖淫，聚众斗殴，开设赌场，强迫交易，敲诈勒索，抢劫，容留他人吸毒，聚众斗殴，寻衅滋事，运输毒品，诈骗，职务侵占，重婚，组织卖淫，协助组织卖淫，强奸罪（合计28个罪名）	抢劫

表1的统计情况表明，2017年N市A院、B院和C院侦监部门员额检察官办案所涉罪名的数量差异明显。A、B、C三家院侦监部门一位员额检察官办案所涉罪名分别达30个、28个和28个，而另一位员额检察官办案所涉罪名仅为1个，且罪名较为常规。

表 2 2017 年 N 市 A 院、B 院和 C 院公诉部门员额检察官办案罪名统计分析表

（Y1 代表第一名员额检察官，Y2 代表第二名员额检察官）

A 院	员额检察官	
公诉	Y1	Y2
罪名	盗窃，危险驾驶，销售有毒、有害食品，利用邪教组织破坏法律实施，玩忽职守，拒不执行判决、裁定，滥用职权，贩卖毒品，掩饰，隐瞒犯罪所得，聚众斗殴，非法拘禁，破坏计算机信息系统，容留他人吸毒，非法买卖弹药，故意伤害，侵犯公民个人信息，诈骗，猥亵儿童，职务侵占，伪造、买卖国家机关证件，强奸，寻衅滋事，非国家工作人员受贿，虚假诉讼，故意杀人，容留卖淫，赌博，强制猥亵，妨害公务，伪造身份证件，合同诈骗，窝藏，赌博，伪造金融票证，故意毁坏财物，使用假币，组织，领导传销活动罪（合计 37 个罪名）	交通肇事，故意伤害（合计 2 个罪名）

B 院	员额检察官	
公诉	Y1	Y2
罪名	变造身份证件，盗窃，贩卖毒品，妨害公务，非法经营，非法拘禁，非法利用信息网络，非国家工作人员受贿，危险驾驶，故意杀人，故意伤害，聚众斗殴，开设赌场，伪造、买卖国家机关公文、证件，挪用公款，强奸，抢劫，敲诈勒索，侵犯公民个人信息，容留他人吸毒，生产、销售不符合安全标准的食品，玩忽职守，伪造金融票证，伪造身份证件，销售假药，销售伪劣产品，销售有毒、有害食品，信用卡诈骗，行贿，虚开增值税专用发票，寻衅滋事，掩饰、隐瞒犯罪所得，诈骗，职务侵占，重大劳动安全事故，重大责任事故罪（合计 36 个罪名）	容留他人吸毒，贩卖毒品（合计 2 个罪名）

C 院	员额检察官	
公诉	Y1	Y2
罪名	玩忽职守，贪污，诈骗，非法狩猎，盗窃，生产、销售有毒、有害食品，容留他人吸毒，污染环境，受贿，使用虚假身份证件，故意杀人，非法拘禁，重婚，故意伤害，寻衅滋事，敲诈勒索，强制猥亵，妨害作证，挪用公款，非法经营，故意毁坏财物，非法吸收公众存款，假冒注册商标，容留他人吸毒，破坏计算机信息系统，聚众斗殴，交通肇事，危险驾驶，破坏电力设备，掩饰、隐瞒犯罪所得，虚开增值税专用发票，过失致人死亡，合同诈骗，生产、销售不符合安全标准的食品罪（合计 34 个罪名）	危险驾驶，交通肇事，传播淫秽物品，盗窃罪（合计 4 个罪名）

表 2 的统计情况表明，A 院、B 院和 C 院公诉部门员额检察官办案所涉罪名的数量

差异明显。A、B、C三家院公诉部门一位员额检察官办案所涉罪名分别达37个、36个和34个,而另一位员额检察官办案所涉罪名却仅为2个、2个和4个,且均相对简单。[①]

(五)案件质量评查工作有较大改进空间

一是评查人员业务工作经历单薄。调研发现,N市检察机关案管部门具有在公诉、侦监等部门办案经历的检察官比较少。二是评查案件的范围尚未实现全覆盖。目前,N市检察机关主要评查侦监、公诉员额检察官承办的案件,对执检、民事、行政检察、控申以及其他业务部门员额检察官办理的案件基本没有评查;对不捕、不诉等案件评查较多,对其他案件评查较少。三是案件评查的层次不够深。目前,N市检察机关评查案件,办案程序、办案规范等方面的问题比较多,评查案件事实和情节认定、案件结果处理较少。四是跟踪监管案件评查结果不够。调研发现,案件监管部门在案件评查完以后,只是简单地向承办检察官反馈评查结果,至于办案检察官有无异议、反馈等无后续程序。

(六)案件评查结果与绩效考核存在脱节现象

N市检察机关绩效考核办法表明,"减分事由",是案件存在质量问题;加分事由,重点在于办案数量。对于在案件评查工作中发现的优秀典型案例、法律文书等,没有被作为评先评优的依据。

三、新时代检察业务管理体制的路径构想

(一)目标

1. 全面落实司法责任制。司法责任制改革是司法体制改革的基石,是建设公正高效权威的社会主义司法制度的必由之路。它提出的"遵循司法规律,符合检察职业特点"、"突出检察官办案主体地位与加强监督制约相结合"、"权责明晰,权责相当"以及"主观过错与客观行为相一致,责任与处罚相适应"等已经通过《检察官法》《人民检察院组织法》《关于完善人民检察院司法责任制的若干意见》《人民检察院案件质量评查工作规定(试行)》等得到全面确认。

2. 深化司法体制综合配套改革。诸如"保护检察官依法履行法定职责"、"排除领导干部或者检察机关内部人员干预、插手、过问具体案件"、"检察官职权清单"、"案件清单"以及"检察官办案绩效考评、奖励、故意或重大过失导致的错案责任移送追究"等配套机制应当不断深化。

(二)基本原则

1. 坚持检察长统一领导。人民检察院检察长负责本院全面工作,领导本院检察工作,管理本院行政事务。副检察长协助检察长工作。检察官在检察长领导下开展工作,

---

① 表1至表2中的罪名统计情况均来源于N市检察机关自2017年1月1日起至同年12月31日在"检察机关统一业务应用系统"中载明的数据。——笔者注

重大办案事项由检察长决定。

2. 坚持以员额检察官为主体。检察官应当享有独立的法律人格、相应的办案决定权,赋予其意思表示的法律效力。具体而言,检察官不仅在检察体制的外部享有"不受行政机关、社会团体和个人的干涉"的权力,在体制内部也应享有相对的独立性;检察官还应享有类似于法官的独立性,有权自主地、独立地对案件作出处理决定;检察官有权以自己的名义对外进行意思表示,并具有相应的法律效力。检察官即使违背检察长的指令提起公诉,仍然具有启动法院审判程序的效力。检察长不得以检察官违背指令为由擅自撤回起诉。①

3. 坚持以案件为中心。司法办案是检察机关履行法律监督职能的主要手段,是检察机关的中心工作。② 办案业务量大,检察人员数量较多,需要设置部门实施必要的管理、协同和监督。反之,业务量小,检察官员额少,则应考虑合并部门;在案件很少、人员也很少的检察院,甚至可以不设部门,由检察长直接管理检察官。对某一业务事项或某些类型案件的业务,是否设置部门专管,也应考虑业务量。在司法的员额制之下,员额检察官必须达到一定的办案业务量,否则就没有必要配置员额。③ 此外,检察官办案的数量、质量、工作要求和职业标准等还是检察官办案绩效考核的依据。④

(三)基本内容

针对现行检察业务管理体制存在的问题,并结合新时代检察业务管理体制的指导思想、基本原则等,我们认为,新时代检察业务管理体制应当包括如下基本内容:

1. 案件登记管理体系。其主要内容包括:(1)检察业务管理中心统一受理案件;(2)对案件集中、适时、动态开展流程监控和办案质量检查、监督和管理;(3)对案件统一归档、考核和评价。

2. 办案组织管理体系。其主要内容包括:(1)确定员额检察官的工作岗位;(2)明确检察官办理案件的主要类型;(3)明确哪些员额检察官任命为独任检察官或者纳入专案组、检察官办案组;(4)如何调配检察辅助人员等。

3. 案件承办确定体系。其主要内容包括:(1)确定哪些员额检察官、专案组或检察官办案组参与随机轮案分案,作为例外的情形,入额院领导和部门负责人一般不参加随机轮案分案。对于指定分案的情况,应当在统一业务应用系统中全程留痕。(2)在统一业务应用系统中将案件随机轮流分配给各个办案组织具体承办,遇有回避、工作调动、身体健康、廉政风险等事由确需调整的,应当按照一定的权限审批、决定。(3)确定重大、疑难、复杂案件,在法律适用、法律监督方面具有普遍指导意义的案件以及其他类型案件。

① 参见检察官办案责任制改革实证研究课题组:《检察官办案责任制改革实证研究》,载《中国检察》(第25卷),中国检察出版社2016年版,第188—192页。

② 参见申云天:《检察机关案件管理工作中的十大关系》,载《人民检察》2012年第10期。

③ 参见龙宗智:《检察机关内部机构及功能设置研究》,载《法学家》2018年第1期。

④ 参见《江苏省检察机关检察官办案绩效考核量化规则(试行)》第4条的规定。

检察业务管理中心应当依据江苏省人民检察院院《关于深入推进司法责任制改革的实施意见(试行)》[①]和《关于检察长(副检察长)直接办理案件的规定》第3条[②],适当指定入额部门负责人和院领导办理一定数量的重大、疑难、复杂案件或者在法律适用、法律监督方面具有普遍指导意义的案件。(4)对外发布入额院领导和部门负责人办案数量和质量。检察业务管理中心应当根据检察长的意见,适时对外发布入额检察长、副检察长、检委会委员、专职委员以及部门负责人等办理案件的类型、数量以及案件质量等情况。

4.案件质量评查管理体系。其主要内容包括:(1)案件质量评查队伍应当吸纳具有丰富检察实务经验和较高理论素养的高级检察官、检察业务专家、检察理论人才以及其他具有较强理论功底和一定办案经验的员额检察官、检察官助理等人;(2)案件质量评查队伍应当通过多种途径和方式积极提升自身的理论水平、业务素质、业务能力以及审查案件的水平,认真研究各类案件质量评查标准;(3)案件质量评查既对诉讼类案件实施监督,也对诉讼监督类案件实施监督;既对检察官正在办理的案件进行办案程序是否合法、规范、及时、完备等方面的监督,也对已经办结的案件检查其证据采信、事实认定、法律适用、文书制作和使用、释法说理、办案效果、落实司法责任制等内容;(4)案件质量评查人员依法开展案件流程监控和案件质量评查,应如实记录插手、干预和过问案件评查结果的情况,并及时向检察长或有关部门反映。

5.案件统计服务管理体系。其主要内容包括:(1)检察业务管理中心应当定期或者按照检察长的指令全面、客观、及时、准确统计受理的各类检察业务案件类型,数量,随机分案轮案情况,指定办案情况及其变化波动情况;(2)检察业务管理中心应当科学分析员额检察官办理案件的数量、质量、案件流程监控结果、案件质量评查结果,并提出富有针对性的意见或建议;(3)检察业务管理中心应当积极为检察长或其他分管领导进行人事管理、岗位调整、办案组织变更以及安排教育培训等决策提供参考依据,为领导决策服务;(4)检察业务管理中心还应当及时升级"检察机关统一业务应用系统""检察业务大数据管理平台"以及其他办案辅助系统,为司法办案和检察业务管理提供信息化保障。

6.办案结果管理体系。其主要内容包括:(1)案件流程监控和质量评查结果反馈、确认、记录、评价系统,即案件监管检察官与承办检察官之间就案件发生的互动、交流、互监关系;(2)案件流程监控或评查结果与检察官办案绩效挂钩系统,即评查结果是办案绩效的依据;(3)检察官办案绩效、考核、评价挂钩系统,即办案绩效、考核、评价形成三位一体;(4)严重不规范办案行为、严重办案质量问题以及错案确认、追究系统;(5)检察官司法档案记录、变更、保存以及排除干扰管理系统。

---

① 即入额院领导应当亲自办理一定数量的案件;员额内检察官担任业务部门负责人,并带头办理重大、疑难、复杂案件。

② 即检察长(副检察长)依法履行审查逮捕、审查起诉、提起公诉、刑事执行检察、民事行政检察和控告申诉等检察职能,应当直接办理案件,重点办理重大、疑难、复杂以及在法律适用、法律监督方面具有普遍指导意义的案件。

关于加强检察机关专业化建设的思考

房 栋 顾雪君*

摘要：检察机关是专门的办案机关，推进专业化建设是立检之本、强检之基，需要检察机关各内设部门在一张蓝图下各司其职。从市、县检察机关的职责定位出发，可以"五个专业化"建设为抓手着力打造过硬检察队伍，努力营造干事创业的浓厚氛围，为检察工作转型升级、创新突破积聚新动能。

关键词：专业化人才培养　专业化人才培训　专业化办案组织　专业化办案方式　专业化保障机制

检察机关专业化建设是主动对接新时代人民群众对司法公正的新需求、新期待，提供更加专业的司法服务、更加优质的"法治产品"，实现检察机关转型发展的有效手段。根据中共中央办公厅《关于加强法官检察官正规化专业化职业化建设全面落实司法责任制的实施意见》和江苏省人民检察院党组关于加强检察机关专业化建设的部署要求，结合南通检察工作实际，笔者对加强检察队伍专业化建设进行了认真思考，认为应在人才培养、人才培训、办案组织、办案方式和保障机制五个方面下工夫，以"五个专业化"打造过硬检察队伍。

一、加大专业化人才的培养力度

一是明确工作思路与方法。积极倡导爱才惜才的价值取向，引领广大检察干警在立足本职岗位成才的过程中，把个人发展轨迹搭在检察事业的需求线上。重点围绕司法办案、司法管理两个方面实现检察工作专业化：一方面，以"四大监督"为核心，提升司法办案工作质效；另一方面，以构建专业化的现代司法管理模式为主线，提升司法行政工作质

---

* 房栋，江苏省南通市人民检察院副检察长；顾雪君，江苏省南通市人民检察院政治部宣教处处长。

效。尊重人才培养规律和成才规律,在"五个关键环节"上下工夫,抓好新时期检察队伍专业化建设:在更新理念环节,树立本领恐慌意识和终身学习理念,加快知识更新,不断增长本领;在规划环节,坚持高标定位,盯准"国字号""省字号"人才培养,形成合理的多层次人才梯队;在选拔环节,既要"伯乐相马",又要"赛场选马",广泛开展学、练、赛活动选拔人才;在培养教育环节,通过搭建平台、自我加压等方式,做到紧盯目标、保持专注、坚持不懈、追求极致,成长成才;在使用管理环节,敢用、善用各类人才,形成尊重人才的良好用人导向。

二是制定完善人才培养规划。盘点人才现状,对检察干警进行全面系统的摸底,深入了解掌握每名干警的性格、知识、学历、能力、业绩等信息,为因人制宜开展专业化培训打下基础。在摸清底数的基础上,进行归类定向,分类选拔,实现目标管理。根据人才特点,确定各类人才的培养目标,根据工作需要和人才专长适当调整岗位。列出人才培养名单和计划,以交任务、压担子的方式有意识地培养锻炼人才,逐步建立起各类适应发展需求的专业化人才库。

三是突出培养领军型人才。加强具有前瞻性、高素质的综合领军人才建设,积极推荐人员参加全省检察机关领军人才等培训,努力改变当地高层次人才较为匮乏特别是缺乏全国有影响的检察业务专家的现状。对于那些敢于挑最重的担子的优秀人才不拘一格、大胆选用,加强对高层次、高学历人才的招录和专家型人才的培养。

四是积极培养专业化人才。根据最高人民检察院出台的岗位素能基本标准,围绕各业务类别履职范围和程序,细分素能单元,明确专业化建设内容。加强检察官培养,积极适应经济社会发展要求,着力建设检察业务专家队伍,培养一批法律理论基础深厚、相关专业知识扎实、司法实践经验丰富和检察实务能力突出的检察业务专家。加强检察辅助人员培养,充分发挥检察官助理、书记员、司法警察、检察技术人员在协助检察官履行检察职责中的作用。加强政工干部和其他司法行政人员培养,着力建设一支讲政治、重公道、业务精、作风好的高素质司法行政干部队伍。注重对专业化人才的循序渐进培养,把绩效考评贯穿专业化建设始终,依托案管大数据库,全面检验工作质态,找出存在的问题,提升专业化建设成效。

五是加快培养青年骨干人才。推行青年干警导师制,根据人员流转和岗位变动情况,适时调整结对师徒,督促导师履行带教职责。完善青年干警上挂下派、轮岗交流制度,有计划地安排青年干警多岗位锻炼,有序推进内部轮岗交流,培养复合型青年骨干人才。支持、鼓励青年干警报考金融、财务、计算机等方面的专业考试,努力使他们成为具备"双证"甚至是多证的检察人才。

二、健全专业化人才的培训体系

一是大力推进实战实训。采用案例教学、角色扮演、情景模拟、现场教学、对抗演练等实战性教学方法,将检察工作的实践内容、流程和实际操作过程搬上实训课堂,实现检察业务培训与本职工作有效对接。科学制订实训方案,大力推行“检察教官 + 实战训练 + 双向互动式教学”实战实训模式。充分利用实训基地,组织开展各类实训活动。统一建立师资库、案例库。选准配强授课老师,从全国检察机关范围内,选择对网络金融犯罪、知识产权犯罪、公益诉讼等相应培训专题富有实践经验和理论研究的一线检察官,纳入师资库。充分利用本土资源,培养南通检察兼职师资队伍。建立实训案例库,选择检察机关办理过的具有代表性的网络犯罪等新类型案件的真实个案,或以案件卷宗材料作为实训内容,提高培训的实用性和适用性。

二是不断加大岗位练兵工作力度。根据各个不同的岗位职能,按着“干什么学什么,缺什么补什么”的原则,制订详细的练兵计划,明确练什么、怎么练,应达到什么要求。一方面,完善练兵“菜单”。深入调查干警能力需求,针对不同需求,进行分类整合,确定多方面的培训方向;邀请各专业的专家组成培训练兵委员会,根据每名专家擅长的领域,分配设计相应培训课程,最后形成一个样式众多的练兵“菜单”供干警选择,将“大锅饭”培训改为“点餐式”培训,使岗位练兵更具针对性。另一方面,以“考”促练。通过推进师徒结对,组织实庭考核、集中操练、单兵教练、相互观摩、共同切磋等形式,促使干警熟知岗位职责,精通本职业务,娴熟工作技能,将岗位练兵融入平时工作,以工作实绩提升实务能力。

三是积极开展“两个课堂”建设。大力推进“两个课堂”建设,用好市级院大课堂,进一步提高大课堂培训的质效;用活县级院小课堂,适时开展“小课堂”检查、评比、推广工作,评选出精品“小课堂”和精品课程。充分利用教育培训管理系统,系统推动信息化与检察教育培训深度融合,将学习资料、精品课件、精品课程视频等优质资源及时在市县两级院“网络课堂”平台上共享共用,满足互联网时代检察人员短平快、碎片化学习的需求。

四是认真落实领导干部上讲台制度。必须严格执行最高人民检察院下发的《全国检察机关领导干部上讲台实施指导意见》,各级院检察长、班子成员每年确定 1—2 个专题,重点围绕政策解读、理论阐释、实务研究、实务操作等设计开发培训课程。积极探索领导干部上讲台的方式、方法,既可以到国家检察官学院及分院教学,也可以在本单位、本条线、本部门授课;综合运用讲授式、研讨式、案例式等多种教学方法,充分发挥领导干部示范引领、“传帮带”作用。制定领导干部上讲台工作考核标准、完善激励措施,鼓励领导干部研发课程,申报全国和全省精品课程。

五是持之以恒开展比武竞赛。比武竞赛是对业务培训、岗位练兵成果的集中展示和检验。2003 年以来,南通检察机关已经连续举办了十六届检察业务技能大赛。坚持“赛场选马”,以“四大监督”为核心,组织各类岗位练兵和技能竞赛,以赛促训、以赛促练。突出在实战中选才,把实战对抗、竞争择优融入日常,以专业化为导向,注重让检察人才在高级别的业务竞赛中登台亮剑,以高层次的竞赛淬炼业务素能,以高水平的赛场表现展示南通检察机关的良好形象。

三、打造专业化的办案组织

一是加快内设机构改革，实行捕诉合一。与司法责任制改革相配套，积极实施检察机关内设机构改革。为更好地履行检察职责，要坚持“一类事项原则上由一个部门统筹、一件事情原则上由一个部门负责”的原则，突出专业化建设，按照最高人民检察院的顶层设计，积极推行检察机关内设机构改革，建立权责明晰、监管有效、保障有力的检察权运行新机制。要做好设立专门的民事检察、行政检察和公益诉讼检察机构或办案组的准备，优化刑事检察部门设置，按照案件类型、案件数量等重新组建专业化刑事办案机构，统一履行审查逮捕、审查起诉等职能，并按照上级检察院的要求统一机构名称。

二是组建专业化办案团队。应根据现有人员结构情况，组建若干个灵活多样的办案团队，实现案件专业分工、高效办理。2017 年以来，南通检察机关积极探索组建侦监、公诉“品牌办案组”，成立检调对接、虚假诉讼、知识产权刑事、民事、行政“三诉合一”以及未成年人刑事执行检察、民事行政检察统一集中办理等专业化“特色”办案团队，打造全省领先的南通特色专业团队。比如，在全市公诉条线设“网络、电信犯罪专业办案组”“金融涉税犯罪专业办案组”“食药安全、毒品犯罪专业办案组”“环境资源犯罪专业办案组”“职务犯罪专业办案组”“重大疑难庭审研究指导组”6 个集案件专业办理、研究指导一体的专业团队，提高打击新型犯罪、专业化犯罪的能力水平。

三是合理配置办案组人员。按照“精简、统一、效能”的原则，根据不同岗位要求，合理调配人员，优化人力资源配置。检察官办案组由 2 名以上检察官组成，配备必要的检察辅助人员，明确各自在办案组中的职责权限，强化协作配合，增强办案合力。根据办案需要、案件数量和难易程度等，结合检察官的工作阅历、办案水平、综合素能等情况，区分不同案件类型，统筹安排，科学配置办案组人员，推进案件专业办理、研究指导一体化。通过商调、遴选、招录等方式引进各类紧缺人才，注重引进擅长办理知识产权、网络安全、金融证券等刑事案件和精通民商事、行政法律知识的人才，增强办案组实力。聘请特定行业领域如金融财会、工程技术等领域的专业人才为检察机关专业知识咨询师，以解决检察官办案过程中行业知识不足的缺陷。

四是健全协作配合机制。推动形成“上下一体”“横向联动”的工作模式，构建上下级院之间、不同部门之间、同一部门不同办案组织之间的协作配合机制，促进办案组的信息共享、线索移送、案件协查、结果反馈等工作，推进专业化办案力量合理调配。全力配合监察体制改革，建立专门部门或专业办案组加强与监察委工作的对接，明确各环节的办案衔接问题，规范退回补充调查和自行补充侦查的适用范围和程序，规范法律文书和办案流程，确保衔接顺畅，增强反腐败合力。

五是加强检察官联席会议建设和检委会专业化建设。认真落实《江苏省检察机关检察官联席会议规定(试行)》，规范提请检察官联席会议讨论的案件范围、参会人员和相关程序，加强对重大、疑难、复杂案件的研讨，为承办人办理案件提供参考依据。探索检察官联席会议旁听制度,对不涉密的案件,业务部门召开联席会议之前可在全院公告时间和地点,邀请外聘专家或其他部门业务骨干旁听,充分发挥智囊团作用。推进司法责任制在检委会工作中的落实,完善集体学习制度。规范议事议案程序,强化检委办的审查把关功能,确保议事议案质量,提升检委会议事议案专业化水平。积极组织开展专业研究小组研讨活动,促进研讨成果转化,为检委会议事议案提供专业化决策辅助意见。

四、推行专业化的办案方式

一是完善案件分配管理规则。坚持随机分案为主、指定分案为辅的原则,根据本地区人员配备、案件类别、专业化分工等因素,建立合理的轮案方式。一方面,使办案人员在随机分案过程中,更多地办理不同类型和罪名案件,不断拓展案件办理领域,激发办案人员自我提升的内生动力,倒逼强化法律知识学习更新,从根本上锻炼队伍,实现队伍办案素能全方位提升。另一方面,有效运用指定分案机制,将重大、疑难、复杂等特殊案件指定给专业化办案单元承办,锻炼培养办理特殊案件的专业人才。实践中,要注意科学把握专业化办案的必要限度,避免将专业化演变成办案专门化、单一化,以致产生办案思维定式和技能局限,最终影响司法办案的质量、效率。要通过合理划分办案组类型、定期调整专业办案人员等措施,使办案人员先有"全科大夫"的本领,再有"专科医生"的技能,以更好地适应错综复杂的司法办案需要,打牢检察机关专业化办案的基础。

二是强化对案件办理的评查与通报。充分认识案件评查通报在监督、规范、指引方面的功能作用,探索形成一体化的案件质量评价体系。及时制定案件评查实施细则,明确日常流程监控、月度信息统计、季度案件评查的范围、标准和要点;成立由员额检察官为骨干、检察官助理为后备力量的案件质量评查人才库,通过全面评查、重点评查、专项评查、比例抽查等多种方式进行;建立评查结果通报讲评制度,对频发、易错的瑕疵问题着重归纳提醒办案人员,对于疑难复杂案件进行公开探讨达成共识,突出评查目的是加强对检察官司法办案的监督管理,督促其进一步规范司法行为,促进办案人员之间相互学习借鉴,提高办案人员的专业化办案水平。

三是加强对检察人员的绩效考核力度。(1)实现考核制度化,对检察官、检察辅助人员、司法行政人员都应当结合既有的经验做法,学习借鉴外地检察机关的先进经验,按人员种类分别制定考核办法,推广使用三类人员绩效考核系统,严格规范三类人员考核管理,实现常态化管理。(2)建立考评组织。绩效考核及奖金分配工作在各级院党组统一领导下,由本单位绩效考核委员会负责。绩效考核委员会要吸纳各方面代表,除了领导班子成员、政工、纪委派驻机构和监察部门、案管等部门人员外,检察人员代表要占有比较大的比例。(3)科学确定考核原则,注重系统思维,坚持客观公正,实行全院统筹,不搞部门间平衡照顾,不搞部门间指标分配。奖金分配体现按劳分配、多劳多得原则,与工作量多少、贡献度大小挂钩,客观评定检察人员绩效考核档次,不与检察官职务等级、行政职务职级挂钩。绩效考核可分为四档,一档比例一般控制总考核人数的30%左右为宜。(4)在考核内容方面以检察人员岗位职责和承担工作任务为基本依据,围绕德、能、勤、绩、廉,全面考核办案及工作的数量、质量、效率、效果、作风、技能和检察贡献度等内容。(5)在考核方法上坚持群众公认,实行领导与群众相结合、平时与定期相结合、定性与定量相结合,注重发挥绩效考核软件作用,刑检、民行、执检、控申等条线的检察官、检察辅助人员统计办案量可参照已上线运行的绩效考核软件记录数据。(6)在考核程序上一般按照个人自评,部门评议、推选,考核委员会拟定绩效考核结果,征求纪检监察部门意见,院党组审议研究,公示,异议复核与反馈等程序进行,对于一档人员必须公示。(7)在结果运用方面,实行"一种结果、两种运用",绩效考核结果作为公务员年度考核、奖金分配的重要依据。公务员年度考核优秀等次主要从绩效考核评定为一档的人员中通盘考虑、择优确定。

四是运用科技化、社会化手段提升司法办案质效。推进"两法衔接"信息共享平台建设,建立与行政执法机关信息共享、案情通报、案件移送制度,提升平台应用水平,实现行政处罚和刑事处罚无缝对接,有效强化监督。探索打造检察监督视讯平台,接入监狱、看守所监控视频等,拓展监督手段,提升监督实效。善于运用省院智能办案辅助系统、绩效考核软件、苏检掌上通等以及远程视频、大数据等技术,提升司法办案效率。推广外包服务方式,提升辅助事务集约化、专业化水平和效率,探索实现电子卷宗、电子档案制作,检察信息宣传,车辆管理、财务等外包服务,保障司法人员专注于司法关键业务。

五、落实专业化的保障机制

一是加强专业化建设的组织领导。应专门成立专业化建设领导小组,依托相关职能部门设置办公室,或确定相对固定人员,定期研究、专班推进专业化建设工作,解决专业化建设中的重点、难点、疑点。院班子成员要在研究状态下工作,提升对下指导的能力水平。分解目标任务,明确牵头部门和配合部门,制定年度目标、工作指标、推进措施以及时间节点。保障重点项目,建立重点项目推进机制,对重大项目、重点创新统筹安排、有效衔接,在人、财、物上予以重点保障。

二是加强专业化场所建设。围绕满足检察机关司法办案需要,高标准抓好检察机关办案中心规范化建设。严格依照《宪法》和三大诉讼法等有关法律赋予检察机关的职权,特别是新修改的《刑事诉讼法》和《人民检察院组织法》,确保办案中心建设符合法律规定,能够切实满足检察机关法律监督职能的需要;规范办案中心的功能设置和建设规模,认真参照最高人民检察院两房标准要求,结合实际,确定办案中心功能房设置,确保办案中心建设符合有关规定和标准。

三是加强对检察专业化人才的宣传。检察机关领导干部首先要牢固树立"尊重人、激励人、发展人”的理念，并将这一理念及落实传导到每位干警的心坎上，为各类高素质检察人才的成长提供坚实保障。开展精品文书、精品庭审、精品案件评析活动，促进干警立足岗位、钻研业务、创先争优。积极打造检察人才高地，通过选树、表彰一批实绩突出，群众公认，拿得出，叫得响的检察专业化人才典型，使业绩突出、成果显著的检察人才受尊敬、有地位、得利益，营造“干事有舞台、成长有空间、出彩有机会”的同心聚才氛围。

法律史学

拘留的百年变迁

赵学武*

我国现行的拘留制度从何而来？近现代拘留制度是如何演变的？看清来路，方知去处。弄清拘留制度的前世今身，对于正确认识拘留制度具有重要的意义。

我国现代法律制度是西法东渐的产物。作为现代意义上的拘留制度最初萌芽于清末改制运动，经过清末修律、①民国立法和新中国的改造而最终定型。

清末第一个规定拘留制度的文件是1906年《刑事民事诉讼法（草案）》，②这也是清末第一个刑事诉讼法草案。③ 草案在第二章"刑事规则"第一节"逮捕"中用8个条文对逮捕制度作了规定。主要内容有无拘票逮捕的条件和主体、无拘票径入房院逮捕的条件和主体、逮捕的效力、误行捕拿的救济程序。对于谋杀等重大犯罪，可由巡捕、被害人、目击者实施无拘票逮捕；对于发生在道路上的重大犯罪，无论何人都可实施逮捕。逮捕的效力是将被告立刻送应管之公堂审讯。草案在第二章第四节"拘留及取保"中规定了逮捕后的衔接措施。第45条规定，"凡人无论所犯何罪，被拿之后立刻送公堂审讯。自被

---

* 赵学武，江苏省人民检察院第一检察部检察员。

① 清末修律肇始于1902年，清廷成立修订法律馆，任命沈家本、伍廷芳为修订法律大臣；光绪三十三年（1907年）九月初五，清廷改组修订法律馆，任命沈家本、英瑞为修订法律大臣，修订法律馆正式脱离法部，专司各法律草案的研拟工作。参见吴宏耀、种松志主编：《中国刑事诉讼法典百年》（上册），中国政法大学出版社2012年版，第4页、第103页。

② 1906年《刑事民事诉讼法（草案）》在中国法制史上是修订法律馆起草的第一部具有近代意义的诉讼法草案，由清末修订法律大臣沈家本、伍廷芳编订，该草案进呈奉旨交议，因遭各地督抚的反对而被搁置，终成废案。参见吴宏耀、种松志主编：《中国刑事诉讼法典百年》（上册），中国政法大学出版社2012年版，第4页。

③ 清末自1906年起，先后起草过3个刑事诉讼法草案，分别是1906年《刑事民事诉讼法（草案）》、1910年《民事刑事诉讼暂行章程（草案）》和1911年《刑事诉讼律（草案）》，后两个草案没有规定拘留。

拿至审讯之时，拘留不得逾 24 小时。”同时第 46 条、第 47 条对拘留期限的延长进行了规定，如因人证不齐等原因不能于 24 小时之内审讯，可以展期 7 日，展期不得逾 10 次。倘逾 10 次不能审判者，公堂应将被告取保释放，但叛逆、谋杀、故杀、强劫并他项重罪之案除外。根据草案规定，拘留由公堂内的承审官决定。草案中的拘留实质上系强制候审的羁押措施。

第一个生效法律中规定拘留的是《大理院审判编制法》①。光绪三十二年十月二十七日（1906 年 12 月 12 日），清廷颁布了《大理院审判编制法》。该法虽然是以京师地区为适用对象的临时立法，但实际上旨在为全国范围内建构新的司法制度提供示范，并将清末建立近代司法制度的构想予以具体化、实践化。该法因 1910 年 2 月 7 日《法院编制法》颁行而失效。② 该法将拘留规定为羁押措施，第 36 条规定，“地方审判厅③设有待质所一所。如有案情重大者，得拘留入所。其有案情较轻者，亦得拘留数日。但经判决后，须按刑律，迳详大理院移交法部监狱。”

光绪三十三年十月（1907 年 12 月）法部向清廷奏呈《京师高等以下各级审判厅试办章程》（以下简称《章程》），并奉旨转呈宪政编查馆④核议。至宣统元年（1909 年）十二月，宪政编查馆准其通行试办。⑤ 该《章程》因兼具法院组织法和刑事、民事诉讼法两方面的内容，是清末唯一付诸施行的具有近代程序法特征的审判法规。《章程》将管收和拘留作为羁押措施予以了规定。《章程》第 20 条规定，“凡因案传到者，应即日讯问之。其拘（拘致，相当于今之拘传）到者，限于两日内审讯。如拘到而未能即时审讯或审讯而不能保释者，用收签付看守所管收之。其提出时，则用提签。”第 78 条规定，“凡刑事犯徒以上之罪，未经判决及被告逃匿被捕获者，皆于审判厅之看守所管收之。”《章程》第二章“审判通则”第八节“协助”中规定，将“罪人之拘留及护送”作为检察厅之间的协助事项之一。四川《检察官服务规则》第 22 条第 2 款规定，“对于公诉之判决而为控诉者，被告已受拘留时，提起控诉之检察官当移置之于控诉审判厅之监狱或看守所。”⑥从这一规定分析，拘

---

① 光绪三十二年九月二十日（1906 年 11 月 6 日），清廷改革官制，改刑部为法部，掌管全国司法行政，不再兼理审判。改大理寺为大理院，为最高审判机关，并负责解释法律，监督各级审判活动。参见张晋藩：《中国宪法史》，中国法制出版社 2016 年版，第 96—97 页。

② 参见吴宏耀、种松志主编：《中国刑事诉讼法典百年》（上册），中国政法大学出版社 2012 年版，第 226 页。

③ 《大理院审判编制法》规定，大理院在京直辖审判厅、局有三，从高往下分别是：一、京师高等审判厅，二、京师城内、外地方审判厅，三、京师分区城谳局。在高等审判厅、地方审判厅、城谳局内附设检察局，并配置一定数量的检察官，高等和地方审判厅设检察长一人。1907 年《京师高等以下各级审判厅试办章程》第四章规定了各级检察厅通则，对检察厅的组织机构、检察官的诉讼职能和办理案件的诉讼程序作了详细规定。

④ 光绪三十三年七月初五（1907 年 8 月 13 日），清廷改考察政治馆为宪政编查馆，作为实施预备立宪的办事机构，专办编制法规，统计政要各事项，议覆有关系宪政及各种法规条陈。参见张晋藩：《中国宪法史》，中国法制出版社 2016 年版，第 107 页。

⑤ 参见《宪政编查馆奏核订法院编制法并另拟各项暂行章程折》，载吴宏耀、种松志主编：《中国刑事诉讼法典百年》（上册），中国政法大学出版社 2012 年版，第 246 页。

⑥ 汪庆祺编，李启成点校：《各省审判厅判牍》，北京大学出版社 2007 年版，第 390 页。

留与管收的关系如下：拘留是强制措施，其效果是管收；被告被拘留的，送看守所管收。

民国之初，北洋政府将1911年《刑事诉讼律（草案）》管辖回避各章暂行援用，其余程序，则沿用清季各级审判厅试办章程内刑事诉讼部分。[①] 拘留随着1907年《京师高等以下各级审判厅试办章程》的被援用而继续活跃在民国的司法实践中，直至1922年才有所改变。

拘留在后来民国的修法中，地位一路走衰。1921年11月15日，北洋政府公布了《刑事诉讼条例》（以下简称《条例》），[②]定于次年1月1日先于东三省实行，同年7月1日起全国施行。但由于当时军阀地方割据的原因，该《条例》实际上仅适用于北洋政府统治下的各省。《条例》在第一编"总则"的第四章"被告之传唤及拘提"中，增加了暂行拘留措施。《条例》第66条规定，检察官对逮捕后解到其面前的现行犯应即讯问，至迟不得逾翌日。讯问前遇有必要情形，可以将被告暂行拘留。这里的拘留是临时性羁留措施，既不是强制到案的措施，也不是强制候审的羁押。1928年7月28日，南京国民政府公布了《刑事诉讼法》，并于同年9月1日起施行。该法是中国近现代法制史上第一部全国生效的现代刑事诉讼法典。其法取消了检察官讯问前暂行拘留被告的规定，第58条仅规定，"检察官对解送到案的现行犯，应即讯问，至迟不得逾到案之日。"

中华人民共和国成立后，拘留强势回归。1954年12月20日，全国人大常会第三次会议通过的《逮捕拘留条例》规定了拘留制度。其第5条规定遇有现行犯、重大犯罪嫌疑等6种情形的，可以先行拘留。条例规定了拘留、扭送和逮捕三种措施。从条文体系看，作为依法限制公民人身自由的强制手段，逮捕属于需要预先授权的常规手段，至于拘留、扭送则属于未经授权而实施的紧急处置手段。后来，拘留的期限经两次修法而延长。一是1979年2月23日第五届全国人大常委会第六次会议通过的《逮捕拘留条例》，其第8条第1款将公安机关拘留后提请逮捕的期限从24小时延长到3至7天。二是1996年《刑事诉讼法》，该法第69条规定，对于流窜作案、多次作案、结伙作案的重大嫌疑分子，拘留后提请审查批准的时期从7天延长至30天。公安部特别规定，"犯罪嫌疑人不讲真实姓名、住址，身份不明的"，"经县级以上公安机关负责人批准，拘留期限自查清其身份之日起计算"。此外，拘留在1979年《刑事诉讼法》中有了重大调整，拘留必须出示拘留证，而不再是未经授权的无证行为。

综观清末以来的立法，拘留经历了勃兴、转变、取消、又新生的过程，这也是拘留的法律地位从主角到配角再到主角的不断变迁的过程。

拘留登上近代立法舞台伊始，即以羁押措施的角色进入刑事诉讼的视野。因人身自

① 参见汪楫宝：《民国司法志》，商务印书馆2013年版，第31页。汪楫宝自1913年至1949年一直服务于民国司法中枢机关。

② 在该条例是在1911年《刑事诉讼律（草案）》的基础上损益而成。

由是一切自由的基础,历来最为人们所珍视,故羁押措施一直是刑事诉讼强制措施中的主角。在清末第一个生效的司法文件中,《大理院审判编制法》赋予拘留以羁押措施的身份,其兴也勃。

"民国开基,法制多阙,迫于现实,不得不暂时援用晚清法制,而删除与民国政体相抵触的部分。"[①]临时大总统袁世凯于 1912 年 3 月 10 日令:"现今民国法律,未经议定颁布,所有从前施行之法律及新刑律,除与民国国体抵触各条应失效力外,余均暂行援用,以资遵行。"[②]拘留作为羁押措施因 1907 年《京师高等以下各级审判厅试办章程》的被援用,而适用于民国的司法实践。

1921 年《刑事诉讼条例》对拘留的法律地位作了重大改变,从羁押措施一变而为临时性羁留措施,为检察官讯问被捕现行犯提供保障,拘留从主角变成了配角。概为收回治外法权,因袭欧美成规,[③]加强司法人权保障,南京国民政府 1928 年《刑事诉讼法》直接取消了拘留。

随着南京国民政府的旧法统被废除,拘留在新中国又迎来了新生。拘留在 1954 年《逮捕拘留条例》中以全新的面貌登上了法制的舞台,作为紧急情况下的强制到案措施,与扭送、逮捕一起构成了新中国刑事诉讼的主要手段。历经两次修改后,拘留期限被延长,能够完成大多数侦查工作。拘留成为打击犯罪的利器,再次成为刑事诉讼的主角。

自清末以来,强制现行犯到案,在法律上均是无证行为,而且是一种立案前的紧急应对措施。从 1907 年《京师高等以下各级审判厅试办章程》的无证逮捕直至 1921 年《刑事诉讼条例》、1928 年《刑事诉讼法》的径行逮捕,均是如此。现在的拘留因有证执行,丧失了灵活性,对现行犯不再具有紧急应对能力;而其较长时间剥夺人身自由的现实,又大大超出了其本来的强制到案功能。

---

① 黄源盛:《近代刑事诉讼的生成与展开——大理院关于刑事诉讼程序判决笺释(1912—1914)》,载许章润主编:《清华法学》(第八辑),清华大学出版社 2006 年版,第 85 页。

② 黄源盛:《近代刑事诉讼的生成与展开——大理院关于刑事诉讼程序判决笺释(1912—1914)》,载许章润主编:《清华法学》(第八辑),清华大学出版社 2006 年版,第 97 页。

③ 参见谢冠生:《弁言》,载汪楫宝:《民国司法志》,商务印书馆 2013 年版,第 21 页。

会议综述

江苏省法学会刑事诉讼法学研究会 2018年年会论文文献综述

秦宗文　戴晓雨　张莹莹*

一、《刑事诉讼法》修改问题

（一）以审判为中心诉讼制度改革

对于侦诉关系的建构，有观点提出，当前检察引导侦查存在现实困境，主要包括：主动介入侦查渠道不畅、引导主体准备不足、监督职能部分弱化等问题。[①] 化解上述问题，多数意见主张建立公诉主导型的新型侦诉关系，加强检察机关对侦查的引导，做好庭前证据审查，防止"带病"起诉。[②] 也有观点认为，检察机关应当适当提前介入侦查过程，通过落实非法证据排除规则、审查同步录音录像等制约侦查权，引导侦查机关规范取证，保障犯罪嫌疑人诉讼权益。[③]

对于庭审中的交叉询问，有观点主张从完善证据开示制度，加强律师调查取证权，强化律师作为被告人利益保护者的角色定位及职业保障等方面进行改革，促进庭审实质化，推动庭审从"案卷审查"转变为真正的"证据裁判"。[④] 还有观点认为，应推动交叉询

---

* 秦宗文，南京大学法学院教授；戴晓雨、张莹莹，南京大学法学院硕士研究生。

① 李淑岚：《检察引导侦查之现实困境》，载《江苏省法学会刑事诉讼法学2018年年会论文集》2018年12月。

② 仇卫：《以审判为中心诉讼制度改革背景下检察权行使问题探究——以证据裁判原则为视角》，载《江苏省法学会刑事诉讼法学2018年年会论文集》2018年12月。

③ 章建生、杨玉心：《刑事案件证据规范取证实践性分析》，载《江苏省法学会刑事诉讼法学2018年年会论文集》2018年12月。

④ 薛火根、张洪浩：《试论交叉询问制度在"庭审实质化"中的作用》，载《江苏省法学会刑事诉讼法学2018年年会论文集》2018年12月。

问从“技术方法型”向“权利技术型”的转变,强化对被告人权利的保障。[①] 对于刑事涉案财物处理的司法程序问题,有观点认为,当前司法实务中涉案财物处理存在较大随意性,法官主观上往往怠于裁判,消极应对,应当构建体系性诉讼化程序,完善涉案财物处理的审前程序,改进审判程序,并建立救济程序。[②]

(二)认罪认罚从宽制度

对于认罪认罚从宽制度的启动时间,有两种观点:一种观点认为,侦查阶段就可以启动该制度,应构建从侦查到审判的全流程速决程序。[③] 另一种观点认为,检察机关在审查起诉阶段方享有启动该制度的最终决定权,这既有利于检察机关全面了解案件,又有利于诉讼效率的提高。[④]

对认罪认罚案件证明标准的探讨,有两种对立观点:一是“同一证明标准说”。该观点认为,不应当降低证明标准,认罪认罚带来的从简结果,只能是针对程序运行过程,而不能适用于证据和证明标准。[⑤] 二是“证明标准适当降低说”。这种观点认为,认罪认罚案件中,由于控辩双方协商一致,庭审对抗性减弱,建立在控辩双方直接对立前提下的无罪推定原则被动摇,证明标准不应当一成不变。应根据证明内容的不同,采用不同的证明标准。[⑥]

对于认罪认罚案件的量刑问题,有意见主张,应当在立法上对认罪认罚从宽制度给予更积极的评价,完善量刑指南。如果被告人符合认罪认罚从宽的条件,都“应当”而不是“可以”从轻、减轻或者免除处罚,以真正体现认罪认罚制度的实质精神。[⑦]

(三)非法证据排除规则

对于非法证据的判断,有观点主张采取实质主义的标准划定非法证据的范围,即不仅要有刑讯逼供、暴力、威胁的行为,该行为还应达到一定的程度——要么侵犯了当事人的基本人权,要么足以使其作出虚假供述、陈述,或者兼而有之。[⑧] 有观点认为,应当将通过暴力、变相暴力、冷暴力等手段获得的言词证据都列入非法言词证据行列并予以排除。对于非法实物证据中,“违反宪法的证据”应绝对排除,“一般的非法证据”实行裁量排除

---

① 徐子良:《交叉询问制度之初探》,载《江苏省法学会刑事诉讼法学 2018 年年会论文集》2018 年 12 月。

② 毕晓红、陈劲草、徐磊:《刑事涉案财物处理程序诉讼化研究》,载《江苏省法学会刑事诉讼法学 2018 年年会论文集》2018 年 12 月。

③ 张瑞:《关于完善刑事诉讼中认罪认罚从宽制度的研究》,载《江苏省法学会刑事诉讼法学 2018 年年会论文集》2018 年 12 月。

④ 肖楠、邹培:《司法改革背景下认罪认罚从宽制度之构建》,载《江苏省法学会刑事诉讼法学 2018 年年会论文集》2018 年 12 月。

⑤ 沈激扬:《认罪认罚从宽制度的问题与完善》,载《江苏省法学会刑事诉讼法学 2018 年年会论文集》2018 年 12 月。

⑥ 史瑞:《浅议认罪认罚案件的证明标准》,载《江苏省法学会刑事诉讼法学 2018 年年会论文集》2018 年 12 月。

⑦ 谢莉萍:《浅析被告人认罪、认罚从宽制度》,载《江苏省法学会刑事诉讼法学 2018 年年会论文集》2018 年 12 月。

⑧ 张鹏:《排除非法证据的制度建构》,载《江苏省法学会刑事诉讼法学 2018 年年会论文集》2018 年 12 月。

规则,"技术性的非法证据"应持较为宽容的态度。[①] 有观点主张从举证责任层面对非法证据的范围予以划定,合法性证明不清的证据也属于非法证据。[②] 对于"毒树之果"应否排除,有意见认为,"毒树之果"不应一概排除,如违法行为和取证行为间隔时间长而致"毒树之果"的非法性被稀释,有证据证明"毒树之果"有其他合法来源等。[③]

(四)出庭作证制度

对侦查人员出庭作证,有观点认为,为避免随意启动侦查人员出庭作证程序而导致司法资源浪费,对辩方的申请启动条件应区分"应当"和"可以"。[④] 应规定警察作证的限制和例外,防止对侦查工作带来不便。[⑤] 对于侦查人员的作证范围,不应仅限于目击的犯罪事实等实体性内容,对于程序性内容也可以作证。[⑥]

对于证人未履行出庭作证义务的惩戒,有观点认为当前立法仅规定了训诫和拘留两种措施,缺乏阶层性,在司法实务中容易导致适用的随意化。应增加惩戒措施的种类,对证人违反作证义务的不同形式,灵活选择,确保责任相当。[⑦] 还有观点主张,可以规定藐视法庭罪,惩戒拒绝出庭作证的行为,运用刑罚惩戒虚假作证的行为。[⑧]

此外,有意见认为,检察官已经习惯证人不出庭作证的模式,部分检察官对证人出庭作证的影响认识不足,对证人出庭时的询问技巧尚未掌握,会影响到出庭支持公诉的效果。推动检察官熟悉庭审发问规则、熟练运用询问技巧,应作为完善证人出庭作证制度的重要部分。[⑨]

(五)刑事和解制度

有观点提出,应坚持运用检调对接机制联动公安、法院、地方调解机构等专业化办理刑事和解案件,化解社会矛盾,实现法律效果与社会效果的统一。[⑩] 另有观点认为,个别

---

① 高改芹:《非法证据及其效力研究》,载《江苏省法学会刑事诉讼法学 2018 年年会论文集》2018 年 12 月。

② 王强:《非法取得的被告人供述排除思路探究》,载《江苏省法学会刑事诉讼法学 2018 年年会论文集》2018 年 12 月。

③ 王锴:《非法证据排除规则中有关问题的合理界定》,载《江苏省法学会刑事诉讼法学 2018 年年会论文集》2018 年 12 月。

④ 张坤、邱敏:《庭审实质化视角下:侦查人员出庭作证制度的常态路径反思》,载《江苏省法学会刑事诉讼法学 2018 年年会论文集》2018 年 12 月。

⑤ 张驰:《论刑事诉讼中的警察作证》,载《江苏省法学会刑事诉讼法学 2018 年年会论文集》2018 年 12 月。

⑥ 张坤、邱敏:《庭审实质化视角下:侦查人员出庭作证制度的常态路径反思》,载《江苏省法学会刑事诉讼法学 2018 年年会论文集》2018 年 12 月;张驰:《论刑事诉讼中的警察作证》,载《江苏省法学会刑事诉讼法学 2018 年年会论文集》2018 年 12 月。

⑦ 姚海滨:《新刑诉法中证人出庭作证制度的思考》,载《江苏省法学会刑事诉讼法学 2018 年年会论文集》2018 年 12 月。

⑧ 吴鑫:《浅谈保障刑事证人有效作证的路径完善》,载《江苏省法学会刑事诉讼法学 2018 年年会论文集》2018 年 12 月。

⑨ 李营、史瑞:《证人出庭对公诉工作的影响及其对策分析》,载《江苏省法学会刑事诉讼法学 2018 年年会论文集》2018 年 12 月。

⑩ 张毅、周吉萍、任佳丽:《创新落实枫桥经验　依法开展刑事和解——2018 年南通市检察机关检调对接专业化规范化建设取得实效》,载《江苏省法学会刑事诉讼法学 2018 年年会论文集》2018 年 12 月。

司法机关在多方利益驱使下，有不当介入刑事和解过程情形的发生，应引入程序性制裁措施，形成制度上的交叉监督与制约，规范和约束公权力介入刑事和解程序。① 部分文章还探讨了未成年人犯罪中刑事和解制度的适用。如有作者以实践中的案例为切入点，提出应进一步细化未成年人案件的刑事和解制度。② 还有观点认为，基于法官中立性的角色以及在未成年犯罪中构建刑事和解制度的实际需要，应当构建法官主动介入的未成年犯罪刑事和解制度，并可以考虑在我国实行国家主导型和社区主导型相融合的模式。③

二、《刑事诉讼法》与《监察法》实施中的程序衔接问题

关于证据转化问题，有观点认为，在审查起诉与监察委员会调查的衔接过程中，证据转化应当采取实用主义 + 严格标准，检察机关采取必要制约措施，与监察委员会进行衔接。④ 还有观点认为，《监察法》实施后，职务犯罪调查权实质上替代了检察机关的职务犯罪侦查权，然而法律并未就调查人员出庭作出规定，与《刑事诉讼法》中的侦查人员出庭作证制度的规定出现失调。作者从司法实践可行性角度寻找进路，认为可参考侦查人员出庭作证或者说明情况规则，逐步确立调查人员出庭辅助公诉制度体系。⑤ 此外，对证明标准问题，有观点认为，证据采信应持同一标准，以此完善监察程序与刑事诉讼程序的衔接。⑥

对于强制性措施的转化问题，有观点主张，对于财产性强制处分，检察机关可以承续其效力；对于人身性留置措施，检察机关应当重新审查；对于退回补充调查情况下的强制措施逆转问题，在退回补充调查的情况下，犯罪嫌疑人应维持逮捕决定。⑦ 另有观点认为，强制措施的转换需要留出适当时间，并且在转换的具体环节上提前做好安排。⑧

关于审查起诉与监察调查的衔接问题，有观点认为，审查起诉具有独立性，检察机关

---

① 胡娜娜:《论刑事和解中公权力的约束问题》，载《江苏省法学会刑事诉讼法学 2018 年年会论文集》2018 年 12 月。

② 李萍、董杰:《刑事和解制度在未成年犯罪中的适用问题研究》，载《江苏省法学会刑事诉讼法学 2018 年年会论文集》2018 年 12 月。

③ 刘禹、刘岑岑:《法官能为刑事和解做什么——基于 X 市法院未成年人犯罪案件的实证分析》，载《江苏省法学会刑事诉讼法学 2018 年年会论文集》2018 年 12 月。

④ 胡颖、陈捍国:《职务犯罪案件审查起诉如何与检察机关衔接》，载《江苏省法学会刑事诉讼法学 2018 年年会论文集》2018 年 12 月。

⑤ 张涛、杨大为:《审判中心主义视域下监委调查人员出庭制度研究》，载《江苏省法学会刑事诉讼法学 2018 年年会论文集》2018 年 12 月。

⑥ 孙泳、倪金凤:《监察法实施后刑事诉讼程序中的新问题研讨》，载《江苏省法学会刑事诉讼法学 2018 年年会论文集》2018 年 12 月。

⑦ 职务犯罪案件移送衔接机制研究课题组:《职务犯罪案件移送衔接问题的实践面向——以检察机关为视角》，载《江苏省法学会刑事诉讼法学 2018 年年会论文集》2018 年 12 月。

⑧ 胡颖、陈捍国:《职务犯罪案件审查起诉如何与检察机关衔接》，载《江苏省法学会刑事诉讼法学 2018 年年会论文集》2018 年 12 月。

对职务犯罪案件有权独立进行审查,并依法作出不起诉决定。[①] 另有观点认为,检察机关应从充分发挥"法律监督"的职责,明确司法审查实质化的重点,加强对监察机关调查活动的规范审查,并逐步建立司法审查责任制。[②]

三、刑事附带民事诉讼制度的完善

刑事附带民事诉讼与一般民事诉讼相比,其赔偿范围受法律规定限制较大。对此,有意见主张,残疾赔偿金和死亡赔偿金作为被害人劳动能力丧失或者正常年岁内收入的损失,应定性为物质损失,应当纳入刑事附带民事诉讼的赔偿范围。[③] 对于精神损害赔偿是否应当纳入刑事附带民事诉讼赔偿范围,有观点认为,当前法律限制被害人提起精神损害赔偿,不利于刑罚轻缓化的持续推进,也不利于修复被破坏的社会关系,应修改相关法律规定,赋予被害人精神损害求偿权。[④] 但也有观点认为,与纯粹的民事案件相比,刑事附带民事诉讼中精神损失赔偿的方式不局限于将该种损失折算为具体金额。刑事案件中对被告人施以刑罚上的痛苦,如剥夺生命、剥夺自由或剥夺财产,被害人及其亲属的精神苦痛得以释放,而此种释放具有精神损害的补偿性质,因此可以免除被告人再承担金额上的精神损害赔偿。[⑤]

关于刑事附带民事公益诉讼,有作者提出,由于刑事附带民事公益诉讼具有刑事附带民事诉讼与公益诉讼的双重特殊性,在实践中可能出现理念之争、制度之争与运作之争等司法不协调的现象。对此,作者认为应从合理配置刑民责任、协调公益私益关系以及优化检察与审判组织关系等方面加以完善。[⑥] 有作者更加具体地讨论了刑事附带民事公益诉讼在当前司法实务中存在的一些问题,如调查取证难、诉讼标的确定难、执法尺度统一难以及判决执行难等,并提出了相应对策。[⑦]

---

① 职务犯罪案件移送衔接机制研究课题组:《职务犯罪案件移送衔接问题的实践面向——以检察机关为视角》,载《江苏省法学会刑事诉讼法学 2018 年年会论文集》2018 年 12 月。

② 由玲:《监察法与刑诉法衔接中如何做好检察工作》,载《江苏省法学会刑事诉讼法学 2018 年年会论文集》2018 年 12 月。

③ 鲍平晓、张坤:《涉机动车刑事附带民事诉讼"三金"裁判规则研究》,载《江苏省法学会刑事诉讼法学 2018 年年会论文集》2018 年 12 月。

④ 徐青果:《刑附民案件限制精神损害赔偿之检讨》,载《江苏省法学会刑事诉讼法学 2018 年年会论文集》2018 年 12 月。

⑤ 王艳、李林清:《民刑交叉案件中刑事附带民事诉讼法律规范的适用范围及法理研究》,载《江苏省法学会刑事诉讼法学 2018 年年会论文集》2018 年 12 月。

⑥ 张新亚:《刍议刑事附带民事公益诉讼中的刑民交叉问题》,载《江苏省法学会刑事诉讼法学 2018 年年会论文集》2018 年 12 月。

⑦ 王威:《刑事附带民事公益诉讼问题研究》,载《江苏省法学会刑事诉讼法学 2018 年年会论文集》2018 年 12 月。

四、刑事诉讼中的其他热点、难点问题

(一)未成年犯罪刑事司法相关问题

对于未成年人犯罪记录封存,有意见主张,只要符合未成年轻罪封存的适用范围,办案机关就应当主动封存未成年人犯罪记录,无须当事人申请,也不应该设置考察期限。而就未成年人犯罪记录消灭的探索,作者建议在条件成熟时,逐步探索未成年人犯罪记录消灭制度。① 对这一问题,有观点则建议设立附考验期的未成年人前科消灭制度。②

关于社会调查制度问题的讨论集中于以下几个方面:其一,对于未成年人社会调查报告的法律属性,有观点认为,社会调查报告可以作为证据使用,此外,还可以作为检察机关附条件不起诉或不批准逮捕的参考。③ 其二,当前司法实务中存在主体不统一的问题,对此,有观点提出通过政府购买社会服务,由专业化社会调查机构承担社会调查任务更适宜。④ 而有观点则认为,要建立由社区矫正官 + 专职社工共同开展社会调查工作的制度。⑤ 其三,对于调查报告的格式问题,有观点认为社会调查报告要像起诉书或者裁判文书一样,有固定的格式、模板、必备的内容和可选择性的内容。⑥ 也有观点主张,应根据未成年人的身心特点明确社会调查报告的格式。⑦

(二)检察职能改革与重建

有作者从检察环节讨论错案成因,认为归根结底是在审查认定案件事实证据方面存在问题。其主张,应严格排除非法证据,加强对技术性证据的实质审查,并注意发现证据之间的矛盾和案件疑点,积极调查取证并加以排除,以此有效实现检察机关审查起诉职能。⑧ 对于"捕诉合一"办案模式,有意见主张从明晰办案职责、打造专业化的办案能力以及构建多维监督体系三方面入手,同时强化内外部监督,实现捕诉合一后的高效能。⑨ 针对检察职能重建中行政执法与检察监督的衔接问题,有观点认为,要突出检察机关在两

---

① 朱锡平:《未成年人轻罪记录封存制度的价值选择》,载《江苏省法学会刑事诉讼法学 2018 年年会论文集》2018 年 12 月。

② 徐秋露:《未成年人犯罪记录封存的操作困境及建议》,载《江苏省法学会刑事诉讼法学 2018 年年会论文集》2018 年 12 月。

③ 李永超:《刑事诉讼中未成年社会调查制度的探析》,载《江苏省法学会刑事诉讼法学 2018 年年会论文集》2018 年 12 月。

④ 朱伟伟、秦霞:《论未成年人社会调查主体制度的构建和完善》,载《江苏省法学会刑事诉讼法学 2018 年年会论文集》2018 年 12 月。

⑤ 陈春来:《未成年人刑事司法社会支持体系实证研究》,载《江苏省法学会刑事诉讼法学 2018 年年会论文集》2018 年 12 月。

⑥ 李永超:《刑事诉讼中未成年社会调查制度的探析》,载《江苏省法学会刑事诉讼法学 2018 年年会论文集》2018 年 12 月。

⑦ 袁丽丽、李锴乐:《引导与监督并举,推动司法行政机关涉未执法工作规范化、差异化研究》,载《江苏省法学会刑事诉讼法学 2018 年年会论文集》2018 年 12 月。

⑧ 吴晓敏:《从检察环节谈错案成因及解决路径》,载《江苏省法学会刑事诉讼法学 2018 年年会论文集》2018 年 12 月。

⑨ 车犇:《捕诉合一运行机制的路径研究》,载《江苏省法学会刑事诉讼法学 2018 年年会论文集》2018 年 12 月。

法衔接中的纽带作用，变单一监督为监督与指导并重，变事后监督为事前、事中、事后全程监督，以促进行政执法机关规范执法。[①] 也有观点提出，当前我国行政执法工作存在全程检察监督缺失以及拘留衔接机制检察监督缺失等问题，对此，应构建司法化全程检察监督机制。此外，还应完善行政执行与刑事司法衔接机制，建立拘留复查机制，以及强化公检协作配合机制。[②]

（三）被害人权益保护问题

有观点认为，在性侵案件中，应当通过构建幼女被害人的审前帮助制度、设置幼女被害人保护性询问方式以及安排幼女被害人秘密作证等，保护被害人不遭受二次伤害。[③] 有作者讨论了附条件不起诉制度中被害人权益保护的新思路，即在被害人表达意见权及申诉权外，增加恢复损害权（包括经济补偿和精神抚慰）和不受犯罪嫌疑人侵扰权，前者以未成年犯罪嫌疑人及其法定代理人同意为前提，后者以强制力为后盾。[④]

（四）刑事判决效力与刑罚执行相关问题

对于刑事判决在民事诉讼中的效力问题，有意见主张可以通过对事实分类细化促使判决效力状态确定，实现效力规则的重构。例如，判决主文对事实和主体都具有绝对效力，而判决理由不产生效力。[⑤] 有观点提出，当前我国职业禁止令存在法律监管上的空白，应当将职业禁止令纳入社区矫正监管制度之中，执行监管主体明确为司法行政部门的社区矫正机构。[⑥] 有观点提出，当前我国刑罚交付执行中也存在监督漏洞，对此应制定刑罚交付执行监督细则，完善监督体制机制，强化检察机关的执行监督能力。[⑦]

---

① 徐芳：《检察机关在长江生态环境资源保护两法衔接机制中的地位作用》，载《江苏省法学会刑事诉讼法学 2018 年年会论文集》2018 年 12 月。

② 张建兵、邱楠、张涛：《完善检察监督体系背景下行政拘留检察监督机制之探讨》，载《江苏省法学会刑事诉讼法学 2018 年年会论文集》2018 年 12 月。

③ 刘瑛、周军生、程岚：《幼女性侵案件出庭程序研究》，载《江苏省法学会刑事诉讼法学 2018 年年会论文集》2018 年 12 月。

④ 王俊爽、戴有举：《规范意旨权益初探——附条件不起诉制度中被害人权益保护新思维》，载《江苏省法学会刑事诉讼法学 2018 年年会论文集》2018 年 12 月。

⑤ 周蓉：《刑事判决在民事诉讼中效力规则的反思与重构》，载《江苏省法学会刑事诉讼法学 2018 年年会论文集》2018 年 12 月。

⑥ 马晓明、陶明、李戈：《〈刑法修正案九〉中职业禁止令纳入社区矫正范围研究——基于 322 份裁判文书的实证分析》，载《江苏省法学会刑事诉讼法学 2018 年年会论文集》2018 年 12 月。

⑦ 江苏省南通市通州区人民检察院课题组：《刑罚交付执行监督机制之困境与进路》，载《江苏省法学会刑事诉讼法学 2018 年年会论文集》2018 年 12 月。

图书在版编目(CIP)数据

检察研究. 2019年. 第1辑 / 江苏省人民检察院组织编写. -- 北京 : 法律出版社, 2019
ISBN 978-7-5197-3304-9

Ⅰ. ①检… Ⅱ. ①江… Ⅲ. ①检察机关-工作-中国-文集 Ⅳ. ①D926.3-53

中国版本图书馆CIP数据核字(2019)第054923号

《检察研究》2019年第1辑
《JIANCHA YANJIU》2019 NIAN DI 1 JI

江苏省人民检察院 组织编写

责任编辑 许 睿
装帧设计 李 瞻

编辑统筹 司法实务出版分社

出版 法律出版社
总发行 中国法律图书有限公司
经销 新华书店
印刷 永清县金鑫印刷有限公司
责任印制 胡晓雅

开本 787毫米×1092毫米 1/16
印张 8
字数 161千
版本 2019年3月第1版
印次 2019年3月第1次印刷

法律出版社/北京市丰台区莲花池西里7号(100073)
网址/www.lawpress.com.cn
投稿邮箱/info@lawpress.com.cn
举报维权邮箱/jbwq@lawpress.com.cn
销售热线/010-83938336
咨询电话/010-63939796

中国法律图书有限公司/北京市丰台区莲花池西里7号(100073)
全国各地中法图分、子公司销售电话:
统一销售客服/400-660-6393
第一法律书店/010-83938334/8335
西安分公司/029-85330678
重庆分公司/023-67453036
上海分公司/021-62071639/1636
深圳分公司/0755-83072995

书号:ISBN 978-7-5197-3304-9
定价:28.00元
(如有缺页或倒装,中国法律图书有限公司负责退换)